MILIONÁRIO ESPIRITUAL

BRUNO GIMENES

MILIONÁRIO ESPIRITUAL

COMO CRIAR UMA VERDADEIRA FORTUNA SENDO GUIADO PELOS PROPÓSITOS DE DEUS

1ª Edição - 2023
Nova Petrópolis/RS

Luz da Serra
EDITORA

Ilustração de Capa:
R.

Projeto gráfico e diagramação:
Marcos Seefeld

Dados Internacionais de Catalogação na Publicação (CIP)

Gimenes, Bruno
   Milionário espiritual : como criar uma verdadeira fortuna sendo guiado pelos propósitos de Deus / Bruno Gimenes. -- Nova Petrópolis, RS : Luz da Serra Editora, 2023.

   ISBN 978-65-81771-05-8

   1. Autoajuda 2. Desenvolvimento pessoal 3. Espiritualidade 4. Milionários 5. Prosperidade - Aspectos religiosos I. Título.

23-179744   CDD-158.1

Índice para catálogo sistemático:

1. Desenvolvimento pessoal : Autoajuda : Psicologia 158.1

Tábata Alves da Silva - Bibliotecária - CRB-8/9253

Todos os direitos reservados. Nenhuma parte desta obra pode ser reproduzida ou transmitida por qualquer forma e/ou quaisquer meios (eletrônico ou mecânico, incluindo fotocópia e gravação) ou arquivada em qualquer sistema ou banco de dados sem permissão escrita da Editora.

Luz da Serra Editora Ltda.
Rua das Calêndulas, 62
Bairro Juriti - Nova Petrópolis/RS
CEP 95150-000
loja@luzdaserra.com.br
www.luzdaserra.com.br
loja.luzdaserraeditora.com.br
Fone: (54) 99263-0619

SUMÁRIO

Convido você a uma grande virada em sua existência 07

PARTE 1
O DOM MILIONÁRIO
13

Capítulo 1 – Não foque no dinheiro 15

Capítulo 2 – O que é ser uma pessoa lucrativa? 25

Capítulo 3 – Os erros contra a sua prosperidade 33

PARTE 2
O MÉTODO MILIONÁRIO ESPIRITUAL
47

Capítulo 4 – Seu primeiro passo rumo ao mundo do Milionário Espiritual 49

Capítulo 5 – Segundo pilar: expressão de gratidão 65

Capítulo 6 – Terceiro pilar: ação inspirada 77

PARTE 3
PRINCÍPIOS DO MILIONÁRIO ESPIRITUAL
89

Capítulo 7 – Ative o seu dom milionário 91

Capítulo 8 – Crie uma verdadeira fortuna sendo guiado pelos propósitos de Deus 107

Capítulo 9 – As leis magnéticas (pouco conhecidas) para atrair dinheiro 125

Capítulo 10 – Agora, siga o Mestre P 153

CONVIDO VOCÊ A UMA GRANDE VIRADA EM SUA EXISTÊNCIA

Acredito, com todas as forças do meu ser, que a prosperidade surgiu em minha vida num exato e específico momento: quando eu me ajoelhei chorando, me sentindo o pior ser humano do mundo, vivendo uma escassez sem precedentes, e me coloquei à disposição para servir a Deus. Eu vou contar essa história com detalhes mais para a frente neste livro. Mas talvez você já saiba um pouco sobre mim, de como saí do buraco para uma vida milionária. Por isso, hoje, me considero um mensageiro da prosperidade. Eu me sinto como um canal da Fonte Divina para expandir e melhorar o mundo, e faço isso ensinando as pessoas a como serem tudo o que nasceram para ser.

Talvez também aconteça com você algum momento simbólico que vá significar a grande virada da sua existência. Mas o fato é que, se este livro chegou às suas mãos, é porque ele tem a capacidade de ajudar você a ver que, com as inspirações de Deus, do Eu Maior, da Centelha Divina – mananciais que levam ao caminho da prosperidade –, será capaz de enriquecer nos seus próprios termos, com leveza e rapidez. Embora isso possa parecer um pouco místico, tenho certeza de que, se você se dedicar a esta leitura e fizer tudo o que vai aprender com bastante dedicação, milagres vão surgir em sua vida.

Saiba que todas as pessoas do mundo têm um dom espiritual que pode fazê-las ficarem ricas. Eu vou chamar isso de dom milionário. Eu tenho esse dom e você também. Nesse momento, talvez você pense assim: "Bruno, pelo amor de Deus, eu não tenho dinheiro nem para comprar comida para o meu cachorro" ou "Bruno, pelo amor de Deus, estou pagando meu apartamento e meu carro e nem sei como vou viver nos próximos anos". É porque você está tão envolvido com a situação do agora que não consegue enxergar o que pode vir. Então, uma coisa é o que você tem agora, outra coisa é o que pode vir a ter.

Por isso, vou repetir: todo ser humano tem um dom milionário! Imagine poder contar com uma força muito especial, um poder muito pouco conhecido, que o permita enriquecer, prosperar, ter liberdade e um estilo de vida como sempre desejou. Imagine conseguir acessar um poder que fará sua vida fluir rumo a tudo o que você quer e merece de forma mais rápida, melhor, mais fácil e mais apaixonada. Consegue imaginar?

Quero pedir que você considere, mesmo que seja apenas na imaginação, que as coisas a partir de agora serão simplesmente mais leves e mais efetivas. Tudo vai se resolver melhor, os seus esforços serão muito mais recompensados e você vai começar a sentir resultados reais em um espaço muito menor de tempo.

[**Menos esforço absurdo, mais resultados reais.**

Menos exaustão e mais sentimento de dever cumprido.

Menos dúvidas e mais confiança.

Menos confusão e mais clareza da sua direção.]

Imagine-se numa corrida de Fórmula 1 em que o carro mais veloz é o seu.

Imagine-se numa disputa de braço de ferro em que você é a pessoa mais forte do mundo.

Imagine-se num torneio de xadrez em que você é o atual campeão mundial.

Imagine-se jogando vôlei tendo dois metros de altura.

Consegue imaginar?

Eu preciso que você mergulhe nesse pensamento de que tudo o que se propuser a fazer contará com uma forcinha extra, um poder especial. É esse poder – esse dom espiritual – que vou ensinar neste livro. Se você seguir o método direitinho, vai ser o grande diferencial em sua vida.

Sabe o que aconteceu comigo quando eu comecei a entender esse poder?

As minhas sombras se tornaram luz.

O que era motivo de vergonha e constrangimento se tornou a minha riqueza.

O que era causa da minha depressão se tornou o motivo da minha felicidade natural.

E quando falo em felicidade natural, me refiro a acordar feliz e pronto, sem grandes esforços e sem complexos rituais. É sair da cama simplesmente me sentindo feliz.

Eu me perguntei por muitos anos: "Isso é realmente um poder extra que conquistei ou se trata apenas de uma fase de sorte? Será que um dia vai acabar?". Talvez seja por isso que eu esperei tanto tempo para publicar este livro. Escrevi dezenas de outras obras dos mais variados assuntos ligados à prosperidade e espiritualidade, enquanto ia adiando a publicação desse exato conhecimento que você está prestes a ter em suas mãos. Mas é claro que isso aconteceu por um motivo. Eu estava amadurecendo e validando as minhas descobertas, porque queria que fosse um conhecimento testado e aprovado. Hoje, sei que não foi sorte. Eu realmente descobri um processo, que é replicável e muitas outras pessoas já aprenderam. Então, agora, chegou a sua vez.

Eu sei que uma força extra em tudo o que você se proponha a fazer pode parecer algo muito vantajoso e impossível de ser ignorado. Porém, o meu principal objetivo é ajudar pessoas que se conectam com um ou mais desses itens que vou citar:

- Você quer muito mais dinheiro na sua vida, mas quer que isso aconteça com a sua alma transbordando de amor e alegria pela vida que tem, e não apenas que seja um dinheiro sem sentido.

- Você quer prosperar, destravar, fazer sucesso. Porém, com a condição de que isso mantenha sua espiritualidade intacta, porque teme que esse processo possa mudar seus valores.

- Você está cansado de ver as pessoas nas redes sociais se passando de bem-sucedidas, quando você sabe que esse sucesso está apenas no exterior da pessoa e não no seu interior. Para você, sucesso é muito mais do que isso.

- Quer ter a certeza de que está vivendo uma carreira que combina 100% com a sua missão espiritual na Terra e quer desfrutar de alegria para trabalhar, como se não fosse algo que consome você – ao contrário, o alimenta.

- Quer prosperar, enriquecer grandemente, mas não deseja a loucura de uma vida de um executivo que nunca tem tempo para nada, menos ainda para a família.

Você se cansou de tanto murro em ponta de faca, porque percebe que, quando dá dois passos para a frente, a vida lhe faz dar três para trás.

Quer dar uma grande virada que envolva carreira, estilo de vida e relações, mas não consegue enxergar uma forma sensata e segura de fazer isso.

Quer sair das chantagens emocionais familiares, pois, apesar de amar seus parentes, parece que não vive na mesma sintonia deles.

Se um ou mais itens anteriores combinam com o seu momento atual de vida, eu digo com toda certeza: este é o livro mais importante que você pode ler. Ele chegou até você por sintonia, por frequência. Foi um verdadeiro chamado da sua alma.

Por último, lhe pergunto:

Você é tudo o que nasceu para ser ou é o que está dando para ser?

Se você quer ser tudo o que nasceu para ser, porque sabe que está nesta vida para muito mais, vai encontrar aqui as chaves de que precisa para o seu novo salto. Preparado para ativar o seu dom espiritual, o poder do Milionário Espiritual? É o que espera você nas páginas a seguir, para que prospere enquanto vive a sua missão de vida.

PARTE 1

O DOM MILIONÁRIO

PARA TER O QUE
VOCÊ NÃO TEM,
VOCÊ PRECISA SER
O QUE NUNCA FOI

@BRUNOJGIMENES

CAPÍTULO 1
NÃO FOQUE NO DINHEIRO

Foi em 2017 que eu senti o chamado para viver para a prosperidade. Eu já tinha escrito três livros sobre o assunto e havia dado um grande salto em minha vida. Até que, num evento presencial chamado "Propósito Inabalável", eu fui tomado por um forte impulso. No palco, ergui os braços para a plateia e disse: "O meu propósito inabalável é ajudar o máximo de pessoas a enriquecer. Como eu encontrei esse caminho, vou ajudar os outros a também encontrar".

A partir dali, escrevi mais quatro livros sobre prosperidade. A essa altura, eu já contava com toda a liberdade financeira que sempre desejei. Mas ainda tinha dentro de mim um sentimento de expectativa positiva, de progresso, de perspectiva... E isso me impulsionava muito, porque uma pessoa sem perspectiva pode até ser rica, mas nunca vai ser próspera.

Assim, mesmo não tendo mais problemas financeiros, continuei a estudar sobre prosperidade, tanto no Brasil quanto no exterior. Foi aí que cansei de ver mais do mesmo. Cansei de ver um mundo que não me representava e que não falava a minha língua quando o tema era prosperar, enriquecer e ser feliz ao mesmo tempo. Eu estudava muito, mas parecia que o que eu encontrava não era a resposta. Nada me preenchia, nem me complementava. Em meus estudos, percebi que havia uma necessidade humana de colocar dinheiro de um lado e a relação com Deus de outro. Espiritualidade e prosperidade eram vistas como forças antagônicas, energias que se repeliam.

Vou explicar melhor. De um lado, fui vendo as religiões mais comuns do Brasil crescendo; do outro lado, fui vendo os negócios do nosso país avançando. O cenário era algo mais ou menos assim: quem é espiritual não fala de dinheiro, quem é focado em dinheiro não fala de espiritualidade. Mas quem fala de espiritualidade, na verdade, fala de religião (que não necessariamente promove o entendimento do que é espiritualidade). Já quem não fala de religião, no fundo, não quer dizer que não goste de espiritualidade, pois só vive o mesmo conceito de formas diferentes.

Percebi, então, que os insensíveis a Deus não eram tão insensíveis assim. E os sensíveis a Deus eram muito mais ligados a dogmas religiosos do que à espiritualidade e a tudo o que ela pode fazer por nós. Esse foi o cenário que fiquei envolvido por anos. Fui obrigado a esperar.... Estudar mais, trabalhar mais, analisar mais... Amadurecer, na verdade. Tudo tinha um propósito. Eu já havia passado de mais de duas dezenas de livros publicados e não queria que este fosse parecido com os anteriores.

Quanto mais eu mergulhava no assunto, mais percebia o foco errado das pessoas. Elas estavam focadas apenas no dinheiro, em fazê-lo render, em investir no produto financeiro certo, em aprender inteligência financeira ou, simplesmente, em achar aquilo que "vai dar grana": "Faz isso que vai dar muito dinheiro", "Ah, ouvi dizer que aquele tipo de negócio está indo muito bem". Que loucura, que corrida maluca!

Não é investir em produtos financeiros que vai deixar você rico, milionário, próspero e livre. Não é, nunca foi, nem nunca será para a maioria esmagadora das pessoas que se propõem a saltar de nível financeiro na vida. Também não é esse tipo de pensamento voltado para o "negócio do momento" que vai deixá-lo próspero.

Imagine que você está viajando com seu carro e a luz da reserva do combustível liga, dizendo que você tem que abastecer o quanto antes. Em vez de parar no posto de gasolina e encher o tanque, você pega um pequeno martelo e quebra a luz do sensor do painel e continua dirigindo, iludindo-se de que essa foi a forma certa de apagar aquele alerta luminoso. Faz sentido isso? Nenhum!

Portanto, se você não atuar na causa certa, não resolve o problema e a sua vida tende a ficar pior. É isso o que eu vi por tantos anos. Pessoas focadas realmente em dar um grande salto financeiro, comprometidas em fazer algo por elas, movidas por esse propósito, só que atuando na causa errada.

Definitivamente, o principal foco de seu investimento não pode ser o dinheiro. É exatamente isso que eu falei:

NÃO FOQUE NO DINHEIRO.

[
O dinheiro não é a árvore, ele é o fruto.

O dinheiro não é a causa, é a consequência, é o sintoma.

O dinheiro que você faz deve ser protegido, mantido, cuidado, respeitado e até multiplicado sim. Porém, o seu maior foco de energia não deve estar nisso e sim em você!
]

Agora, você deve estar louco para me questionar: "Ah tá, até parece que você não investe o seu dinheiro...". É claro que eu invisto! Mas a minha atenção não está no dinheiro investido. Fazer investimentos tem como objetivo proteger o patrimônio que eu crio. É como se fosse um acessório... Pense numa mulher bem bonita: ela usa batom, está com brincos lindos, sapatos de salto altíssimo e um vestido maravilhoso. Isso é acessório! Melhora essa mulher? Sim. Mas quem é a essência? Ela. Se não existe a mulher, não tem nada.

Definitivamente, colocar o meu dinheiro em aplicações é uma forma de me manter mais tranquilo enquanto eu me concentro no meu maior investimento, que será o seu maior investimento também:

Você!

Investir em você é a chave.
Investir no dinheiro não é o caminho!

Enquanto quem investe em si tem rendimentos exponenciais, quem investe no dinheiro tem ganhos irrisórios.

Enquanto quem foca sua energia em investir o dinheiro vive uma corrida dos ratos, quem foca a energia em investir em si vive uma jornada de realizações e descobertas.

Vou explicar melhor isso usando alguns gráficos matemáticos simples, considerando a relação de tempo com o patrimônio acumulado (ou renda mensal). Neste primeiro gráfico, esta é a realidade de quem investe em produtos financeiros e vai vendo o seu dinheiro crescer:

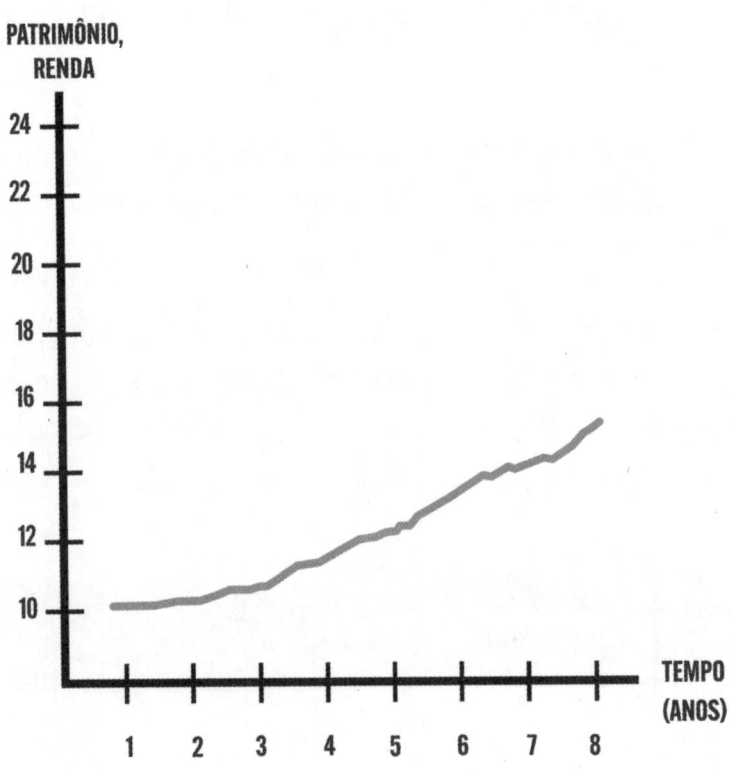

Agora, levando em conta os mesmos valores e tempo, veja o que acontece com quem investe em si próprio. Pode até demorar para iniciar a curva de crescimento, mas, depois que começa, a evolução é exponencial:

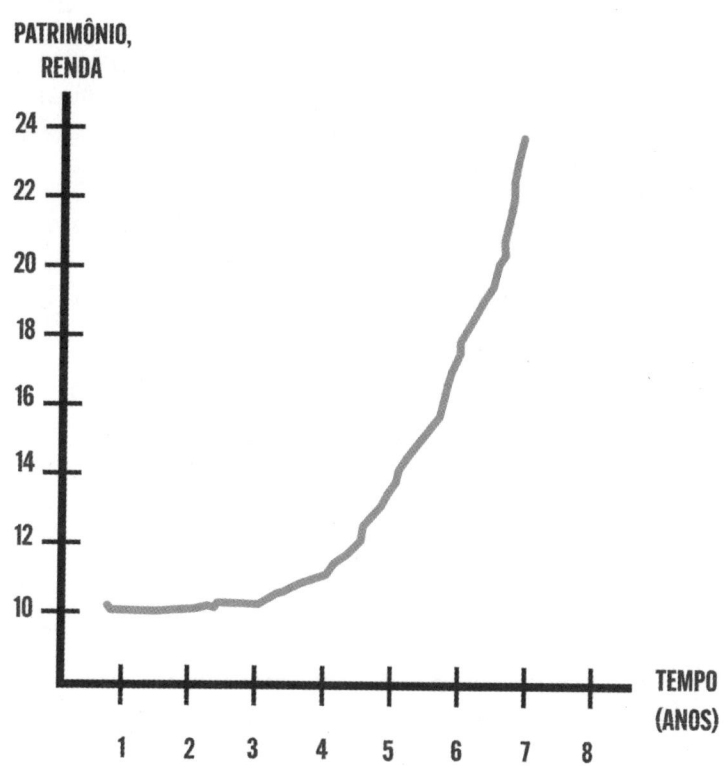

No caso anterior, a pessoa pode até levar uns três anos só se dedicando ao seu aperfeiçoamento, chegando a desanimar por não ver o seu dinheiro crescer logo. Mas, se ela insistir, os resultados serão infalíveis. Já no primeiro gráfico, em que só se investe no dinheiro, não tem muito como sair da curva, porque depende de índices do mercado. Há evolução financeira? Sim. Mas é um crescimento potencial.

Outra situação que a pessoa que investe nela própria pode passar é até ter uma redução de seu valor em algum momento. Mas, novamente, a persistência é o segredo para ela continuar se valorizando, se capacitando, para alcançar o tão almejado crescimento exponencial:

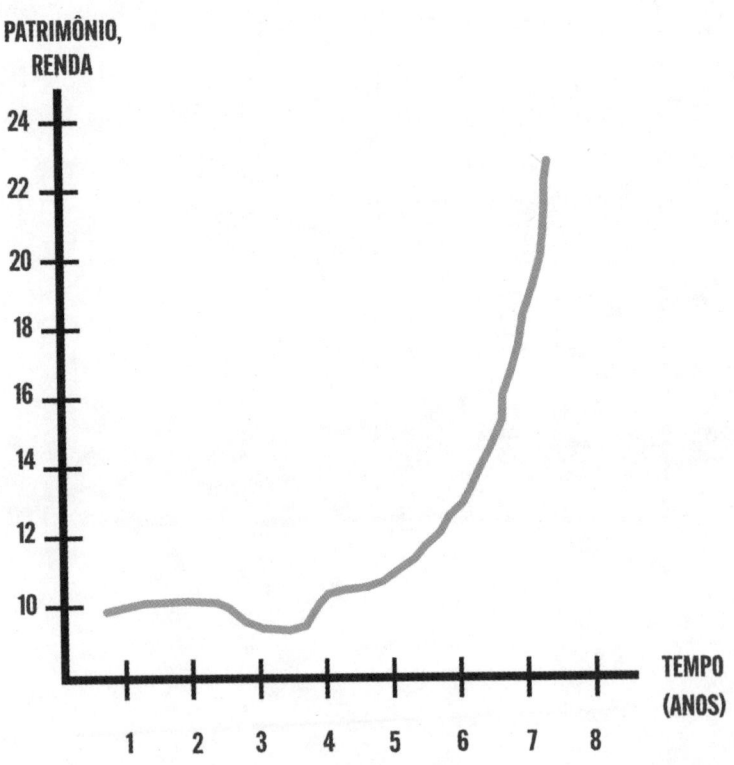

Então, vou perguntar a você: qual razão matemática quer para a sua prosperidade? Você quer crescer devagar e sempre – o que já vai lhe garantir uma vida digna – ou prefere começar mais linear, se esforçando bastante por um tempo, para depois crescer exponencialmente? Esta última opção é o segredo do Milionário Espiritual.

Quando eu descobri isso, não parei mais. Lembro que, um tempo atrás, fiquei com medo de perder tudo. Mas aí eu fiz uma oração e disse: "Deus, simplesmente não tem como. Eu posso até perder dinheiro, mas vou recuperar. Só se Você me levar embora, tirar a minha saúde... Porque, como eu sigo as leis espirituais, não tem como eu falhar mais".

Você escolhe qual caminho quer seguir: investir no dinheiro ou investir em você. A decisão é sua. Optou por se esforçar agora e depois ter um crescimento exponencial? Então, siga em frente comigo. Agora, vou lhe contar o maior segredo para chegar lá: seja uma pessoa lucrativa! Como? Você vai ver no próximo capítulo.

QUEM TEM MEDO DE SE EXPOR TEM MEDO DE GANHAR DINHEIRO

@BRUNOJGIMENES

CAPÍTULO 2
O QUE É SER UMA PESSOA LUCRATIVA?

Aprenda o seguinte mantra que criei: "Aonde quer que eu vá, onde quer que eu esteja, o que quer que eu faça, com quem quer que eu esteja, eu sempre dou lucro". É isso aí! É assim que funciona uma mente lucrativa, uma pessoa lucrativa. É saber dar lucro em tudo que faz.

Anote bem essa lição:

> **AONDE QUER QUE VOCÊ VÁ, ONDE QUER QUE ESTEJA, O QUE QUER QUE FAÇA, COM QUEM QUER QUE ESTEJA, VOCÊ SEMPRE DÁ LUCRO!**

Nos grupos, nos relacionamentos, na igreja, na comunidade, no condomínio, na família, no lazer, na academia, no trabalho... Em qualquer lugar, você dá lucro e gera valor, porque você é o próprio valor em pessoa.

 Se comprou essa ideia ou, simplesmente, acha que ela pode ser uma boa oportunidade para você, preciso lhe dizer:

ESSE É O SEGREDO DO MILIONÁRIO ESPIRITUAL!

O conceito que encontrei ao longo de minha pesquisa mostrou que fazemos muito esforço para conquistar nossos sonhos. Nessa trajetória, alguns perdem a saúde, o tempo de qualidade com a família e até a sanidade para conquistar riqueza. Outros nem conseguem chegar lá, porque ficam no meio do caminho vencidos pelas barreiras que os aprendizados impõem.

Eu me perguntei por meses e meses a fio:

Como posso prosperar mais e melhor com menos esforço e mais leveza?

Fiz essa pergunta a mim mesmo por 100, 200, 500 vezes ou mais. Eu encontrei a resposta. Mas, antes de revelá-la, quero deixar você consciente de algo que, se nunca tiver lido nenhum livro meu, talvez não saiba. Nas minhas obras anteriores sobre prosperidade – O Criador da Realidade, Conexão com a Prosperidade, O Tratado da Prosperidade, Como Ser um Ímã para o Dinheiro, Seja Rico e Destrave sua Vida –, eu contei várias vezes a minha história, revelando quais ferramentas eu tinha usado para sair do buraco e triunfar. Dessa vez, a abordagem será diferente. Minha perspectiva parte do processo de conquista da riqueza alinhada com a missão de vida e o conceito de menos esforço.

Vou fazer uma confissão com total sinceridade: existe um risco de arrogância e prepotência quando você já acha que domina um tema. Na época em que buscava a resposta para essa pergunta, eu já não era mais o moço que sofreu de escassez e passou necessidades até aprender a prosperar. Eu já tinha dinheiro e notoriedade nas áreas em que atuava e já era um escritor, palestrante e empresário de sucesso. Por outro lado, também não contava mais com aquela energia infindável e empolgada, de certa forma juvenil, de quem estava com muita expectativa pelo primeiro livro publicado.

Era outro momento da minha vida. Eu não era mais a mesma pessoa, minha perspectiva tinha mudado muito. E o que eu fiz foi continuar me perguntando: "Como posso prosperar mais e melhor com menos esforço e mais leveza?".

Os estudos foram avançando, os padrões que eu detectava foram se organizando e, finalmente, a charada foi se resolvendo. Sabe quando você monta um quebra-cabeça e que, por mais que ainda faltem algumas peças, você já tem uma noção total da imagem final? Era assim que eu me sentia. Restava encaixar algumas poucas pecinhas, mas eu já tinha compreendido que estava diante de um cenário animador.

EU TINHA DESCOBERTO ALGO...

Então, foi como eu já disse: mergulhei fundo, amadureci e validei essa descoberta até que pudesse consolidar em um método que você consiga colocar em prática no seu dia a dia. Para chegar a ele, descobri que as pessoas que estão numa situação financeira delicada, mas que desejam saltar de nível e prosperar, enfrentam alguns desafios. O principal deles é não acreditar que podem. Mas é possível vencer isso, colocando em prática três fases.

AS TRÊS FASES

 **DESIDENTIFICAÇÃO E DESIMPREGNAÇÃO DO MEIO**

Vamos comparar o local em que você cresceu e viveu até hoje a um vaso. Você é a plantinha que está nele e, com o tempo, começa a crescer e a expandir as suas raízes. Se o seu vaso for pequeno, vai chegar uma hora que as raízes vão atrofiar e você não conseguirá mais crescer. Esse vaso simboliza a sua programação mental, os registros que você recebeu ao longo da vida. Muito provavelmente, foi treinado a entender que não pode, que não tem como crescer mais. Então, esse vaso pequeno não serve mais para as pessoas que querem enriquecer. Vai ser preciso quebrá-lo e pensar diferente. Ou seja, você vai ter que se desidentificar e desimpregnar desse meio limitado em que viveu por tanto tempo. Para tanto, precisa acreditar que isso é possível. Não subestime isso; só prospera quem tem a convicção plena de que quer e merece a riqueza!

 ## CONSTRUÇÃO DE UMA NOVA AUTOIMAGEM ALINHADA AOS OBJETIVOS QUE SE DESEJA

Na prática, isso significa que você acredita que pode. Então, essa fase é a mais poderosa para o caminho da prosperidade, já que você se permitiu mudar para um vaso novo, maior, porque sabe que poderá ir para o próximo nível. Estão aqui aquelas pessoas numa condição financeira de menos escassez e mais estabilidade, ou ainda aquelas que, mesmo vindo de uma situação escassa, já ativaram uma nova autoimagem e realmente romperam a barreira de achar que não podem. Nesse segundo cenário, que é o de quem já ativou o poder de valer mais, ganhar mais e ter mais patrimônio, existe um principal inimigo, que vem a seguir.

 ## INVERSÃO DO ESFORÇO EXCESSIVO

Certamente, você já ouviu que "Deus ajuda quem cedo madruga", ou que "A cada um será dado conforme as suas obras", ou ainda que "O trabalho dignifica o homem". Tudo isso é verdade. Só que essas frases trouxeram uma carga sobre nós, nos fazendo acreditar que, se não nos matarmos no trabalho para ganhar dinheiro, não vale. Quando eu era químico na indústria, quanto mais estressado eu estivesse, mais os meus chefes me elogiavam. E quando eu estava feliz e leve, eles achavam que eu não estava fazendo nada, mesmo com os meus números de produtividade lá em cima.

Essa é a proposta dessa fase da inversão do esforço excessivo: entender que é possível, com menos esforço, atingir melhores resultados.

    Uma semana antes de fazer uma cirurgia de ligamento do joelho direito (tive uma lesão depois de brincar de bola com meu sobrinho Marcelo, em que, num movimento bobo, o estrago se fez), li na internet uma reportagem sobre um moço que havia sido operado do joelho errado. Os médicos "cortaram" o rapaz e não encontraram problema. Foi então que se deram conta de que estavam operando o lado saudável. Após esse episódio, os hospitais atualmente se protegem dessas gafes. Eu pude comprovar, na prática, que criaram um método seguro: no dia da minha cirurgia, três profissionais diferentes me pediram para confirmar o lado que seria a operação e, por fim, me deram uma caneta para eu mesmo riscar o joelho que seria submetido ao procedimento. Achei tudo simples e eficaz!

    Essa história me fez refletir muito sobre o número de pessoas que estão querendo saltar de nível financeiro, para viverem melhor e mais livres, com mais fôlego para viajar, morar bem, ter mais acesso à saúde, educação, tecnologia, mas estão "operando o lado errado", estão atuando na causa equivocada.

Por isso, meu trabalho aqui neste livro consiste em ajudar você, não importa em qual fase você esteja, a:

- Desimpregnar o lado ruim das suas origens (calma que o lado bom será fortalecido e você nunca, jamais, negará as suas bases!).

- Acreditar que pode.

- Recriar uma autoimagem poderosa que combine com seu objetivo de liberdade financeira.

- Fazer seus esforços renderem muito mais.

[POR FIM, VOU TE AJUDAR A ATIVAR O SEU DOM MILIONÁRIO PARA QUE O PROCESSO DE PROSPERAR NOS SEUS PRÓPRIOS TERMOS SEJA UMA CONSTANTE.]

FAZER O QUE TODO MUNDO FAZ COSTUMA PAGAR POUCO

@brunojgimenes

CAPÍTULO 3

OS ERROS CONTRA A SUA PROSPERIDADE

Quando você não domina as três fases do capítulo anterior, os problemas começam a surgir. As coisas pioram, a vida trava e tudo fica mais difícil. Primeiro, emocional e mentalmente; em seguida, materialmente. As relações familiares passam a ficar tensas, saturadas e, em muitos casos, envenenadas. O corpo físico também grita por meio de dores, baixa energia e pequenas doenças que, com o tempo, tendem a evoluir para questões mais sérias. O ânimo vai diminuindo, a alegria com pequenas coisas da vida vai sumindo, o brilho nos olhos vai se apagando e a escassez se instala de um jeito que faz parecer quase impossível mudar de cenário. É aí que você tem que agir!

    Não importa em qual estágio você esteja. É preciso entender com clareza quais são os passos que precisa dar para mudar o seu destino e, principalmente, a sua prosperidade. Existem muitas atitudes eficientes que você pode e deve fazer, mas o que não pode é "operar errado". Eu, sinceramente, no meu papel de mentor de prosperidade, sempre mostro mais de um caminho para meus mentorados, porque cada um tem particularidades que merecem ser preservadas. Logo, o método que você escolher tem grandes chances de dar certo se ele respeitar seus valores e seu estilo de vida.

E acredite: o método do Milionário Espiritual sabe respeitar suas particularidades com precisão.

Pare com isso agora...

Tenho algo poderoso para dizer a você: antes de escrever uma lista sobre o que fazer para conquistar algo, sempre existe uma outra sobre **o que não fazer**. É justamente isso o que vou começar a falar agora, antes de entrar nos passos do método Milionário Espiritual, pois sei que, se você não cortar algumas práticas pela raiz, não terá chances de prosperar.

Aqui, não tenho a menor pretensão de pegar leve com você. Gosto da verdade acima de tudo e tenho esse compromisso em todos os livros que escrevo. Porém, algumas verdades podem ser difíceis de digerir. Não se preocupe com isso, porque, quanto mais difícil for de assimilar, mais você terá algo para aprender com ela, conscientemente ou não. A dica é: não combata, não brigue, não pare de ler este livro. Só observe como você se sente e deixe rolar. Você não tem obrigação de nada. Só peço para acatar com amor toda reação emocional que você tiver sobre o que vou falar. Até porque, muitas das verdades a seguir não são criações minhas... Ou são fruto de pesquisas ou fazem parte das leis do Universo. E no caso de você ter reações fortes, anote, assimile, questione-se: "Por que não gostei disso? Por que isso me abalou?".

MILIONÁRIO ESPIRITUAL

Vamos, então, a alguns erros que a nossa sociedade não gosta de falar, mas que você precisa entender se quiser ativar o seu dom milionário:

 **Família é a base de tudo.**

Não, definitivamente não é a base de tudo. A base de tudo é você! Se a sua família está bem, você está bem? Se a sua família está em discórdia, você também está desequilibrado? Não. Você é que tem que se cuidar para ficar bem. Respeitar sua família, amá-la, agradecer a existência dela e viver em paz com seus familiares não mudam a sua vida. Isso é ótimo e muito válido, mas não seja tolo: você é a sua própria base.

 **Quem vive a vida dos outros não tem a própria vida para viver.**

O cuidado com outras pessoas nunca pode significar distração em relação à sua própria missão. O que mais vemos atualmente são pessoas tão envolvidas em cuidar dos outros, especialmente dos seus familiares, que acabam esquecendo o que estão fazendo aqui na Terra. Sua missão não é nos outros, sua missão é em você! Viver a vida do outro não te faz mais forte, ao contrário. Priorize-se, cuide de você, não importa quantos queira ajudar; se você não se ajudar e não se fortalecer, padecerá.

 **Família sempre unida.**

Não, definitivamente não é bem assim. O segredo é entender um conceito que vai mudar sua vida: família prata versus família ouro.

A família ouro é composta por você, seu parceiro ou sua parceira (não importa se é do segundo ou terceiro casamento, hétero ou homossexual) e seus filhos até 21 anos. Só isso! É essa família que pode estar sempre unida.

Já a família prata consiste em todo mundo além de você, seu parceiro ou parceira e filhos até 21 anos. Família prata são seus filhos que já passaram dos 21 anos, sua sogra, seus tios, seus primos...

Você quer prosperar? Então, veja sua família prata, seus primos, tios e netos só uma vez por mês. E aí você vai me dizer: "Mas, Bruno, eu sou avó! Quero estar sempre com os meus netinhos!". Para conseguir deslanchar a sua prosperidade, deixe bater a saudade e vá visitá-los uma vez por mês. Mas com intensidade! Estando presente, sem ficar pegando no celular. Repare que, quando a família prata se vê muito, acabam acontecendo fofocas, reclamações... As conversas ficam automáticas. Mas se deixar para encontrar com primos e tios só de vez em quando, vocês vão querer conversar, se divertir, se amar.

Tenha um cuidado especial com filhos de quase 30 anos que continuam morando com os pais, na intenção de reduzir seus custos ou por mera comodidade. Eles precisam entender que estão fazendo mal a si próprios, porque, dessa maneira, mantêm o mindset da calculadora (só ficam pensando em números, como vou explicar melhor no capítulo 10), em vez de desenvolverem a mentalidade do Milionário Espiritual. Poucas coisas atrofiam tanto as raízes da prosperidade quanto pessoas com mais de 21 anos morando ou convivendo com os pais.

Estude para ser alguém na vida.

Não, definitivamente não é bem assim nos dias atuais! A qual estudo você está se referindo? Se for ao estudo informacional – aquele que aprende na faculdade e não sai de lá com uma nova cabeça –, saiba que vai aprisionar você na escassez. Agora, se for um estudo transformacional – de aplicação rápida, no qual aprenda as leis do dinheiro e a empreender –, a situação muda de figura. Entenda que não estou falando mal dos cursos universitários; estou dizendo que estão incompletos e com uma direção equivocada. Infelizmente, o que vejo é que há raras faculdades transformacionais, ou seja, que transformam as pessoas enquanto ensinam. A maioria descarrega um caminhão de informação que mais trava do que transforma.

É claro que, para ser médico, advogado e arquiteto, por exemplo, você precisa fazer uma graduação. Mas quantas pessoas são obrigadas a fazer um curso superior só porque a sociedade cobra isso? E quando passam anos numa universidade e depois não conseguem um emprego, já que não se transformaram? É sobre isso que estou falando. Hoje, estudar as leis do dinheiro, empreendedorismo e missão de vida, somando tudo isso à prática, vai gerar grandes resultados transformacionais – e com menos custo, esforço e tempo. Não é à toa que cursos e mentorias online são cada vez mais frequentes e requisitados, programas mais curtos que focam em habilidades específicas para o mercado de trabalho, desenvolvendo potenciais práticos que geram resultados quase imediatos.

É preciso ter muito discernimento, porque nem todo estudo te levará ao caminho certo. Por último: ser alguém na vida é uma frase incongruente! Você é um canal de Deus para expandir e melhorar o mundo, desde o dia que saiu da barriga da sua mãe até o dia que der o suspiro final, e além... Não permita que a sua mente acredite que só será alguém quando tiver um canudo, não caia nessa. O valor que você tem no mundo é medido pelo valor que você gera no mundo, e só.

> **O trabalho dignifica o homem.**

Eu também acho. É como já dizia o cantor Fagner: "Um homem sem trabalho não tem honra; e sem a sua honra, se morre, se mata, não dá pra ser feliz...". Então, realmente, o trabalho dignifica o homem, mas desde que ele não trabalhe para idiotas. O emprego pode até ser numa boa empresa, mas, se os líderes tiverem princípios e valores de que você não gosta, isso não vai dignificar você. E mais: se o trabalho for contra a sua essência, perturba a beleza da alma humana. Logo, trabalhos que consomem a sua alma costumam criar danos terríveis. Fuja deles!

> **Para ser feliz, você precisa de trabalho (ou renda) estável.**

Esse é o maior absurdo. Prosperidade não combina em nada com estabilidade. O que é estabilidade? É ficar parado, sem movimento. E prosperidade? É expansão, expectativa, perspectiva, crescimento. Esse erro ainda é resquício da geração pós-guerra, quando faltava tudo e se guardava o pote da margarina, o vidro do requeijão. Foi nessa geração que aprendemos que prosperidade vem de um emprego estável. Mas isso é mentira: quando você encontra essa estabilidade, para. E quando para, acaba com a prosperidade. Você precisa querer prosperar para ter liberdade. O Milionário Espiritual está sempre em expansão.

A prosperidade real vem justamente de acessar os grandes movimentos da vida e da visão de Deus para você. Eu te garanto: Ele não quer que você esteja em nada estável. O segredo da prosperidade é tornar-se um surfista. Como assim um surfista? O caos é o mar e suas ondas. No caos, o que predomina são problemas para resolver. Prospera quem ajuda a humanidade a passar pelo caos. Logo, prosperar é aprender a surfar! O caos está formando ondas de oportunidades constantemente, e você surfa cada vez mais. Quanto mais surfa, mais faz parecer que o caos está controlado. Essa é a única estabilidade aceita no mundo da prosperidade e no conceito do Milionário Espiritual: aprender a surfar! Sobre renda estável, entenda que nem isso é o correto, você precisa mesmo é criar rendas cada vez maiores, porque você deve aprender a surfar mares cada vez mais revoltos.

Deus ajuda quem cedo madruga.

Deus ajuda quem respeita as leis universais. Deus é o governador das leis. Entenda que não é o esforço errado que vai lhe trazer resultados rápidos, e sim o esforço direcionado. Todo grande salto na vida sempre surge depois de um grande salto de esforço direcionado. Em outras palavras, tudo o que chega a você é uma recompensa proporcional. Se colocar bastante energia, terá grandes resultados. Se colocar nenhuma energia, não terá resultado algum. Tire de sua cabeça essa ideia de que, para prosperar, tem que trabalhar muito e duro. "Deus ajuda a quem cedo madruga" é uma lei universal que precisa ser melhor interpretada, para você não achar que tem que se matar trabalhando. Existe, sim, um período de intensidade e dedicação, mas, depois, o ritmo melhora. É sempre bom dosar intensidade e descanso. Mas atenção: você nunca irá descansar se trabalhar fora do seu chamado, porque o trabalho que não combina com sua essência fará com que se sinta extenuado.

> **Tudo só acontece na hora que tem que acontecer.**

Nessa afirmação, existe algo que é real e algo que é preguiça. Se eu estou com preguiça de agir, vou falar que tudo só acontece na hora que tem que acontecer. Assim, tiro de mim a pressão de ter que me superar. Acredito muito mais na seguinte fórmula, que criei ao longo dos anos estudando o tema:

$$P \times tD = RESULTADO$$

P é o processo: tudo o que depende de você, a sua parte. Já tD é o tempo de Deus (as coisas que você não pode mudar). Repare que não coloquei P + tD. É uma multiplicação mesmo. Quando você faz bem a sua parte, a ajuda de Deus é incrementada, potencializada. Mas se você não faz bem, os resultados custam a vir. Hoje, quando olho para trás, vejo que não prosperei quando eu quis, e sim quando eu estava pronto, já tendo aprendido tudo do que precisava. Então, o processo está relacionado à sua dedicação, à sua consistência, aos métodos que usa, à sua disciplina e, até mesmo, à sua resiliência. O tempo de Deus é o timing do mundo. Para que o "milagre" aconteça, essa fórmula precisa existir. Deus faz o impossível e você faz o possível. E o seu possível precisa ser muito bem-feito. Aí você já começa a entrar no conceito do Milionário Espiritual.

Dinheiro não é tudo.

Não, não é tudo mesmo, mas ele compra liberdade, que ajuda na felicidade. Embora não seja tudo, ele faz com que tudo fique melhor. Ele é o fluxo vital da Terceira Dimensão. Pessoas com crenças religiosas são as que mais costumam usar essa frase, para negar a responsabilidade delas. Não entendem que o dinheiro vem de suas próprias existências e, por isso, é sagrado. Tenha em mente: você existe e, por meio do seu trabalho, gera valor para a sociedade e recebe dinheiro por isso. E existir é o que há de mais sagrado. Logo, o dinheiro também é sagrado. Por isso é que o dinheiro não suporta idiotas, porque as pessoas que usam mal o dinheiro estão desrespeitando a própria existência (no capítulo 10, vou explicar melhor esse conceito).

> **Eu quero muito enriquecer e prosperar, só não sei bem qual é a minha missão no mundo, qual é exatamente o meu dom.**

Você precisa entender que pensar assim é um grande erro. Isso porque a sua missão acontece simultaneamente ao processo de prosperidade, à medida que você vai prosperando, se expandindo e se desenvolvendo. O que seria esse desenvolvimento? É você deixar de lado as suas crenças, as suas sombras. Então, o caminho não é primeiro descobrir o seu propósito para, depois, enriquecer. A missão vem quando você enfrenta a suas travas e sombras – e isso, por si só, já é uma missão. Ou seja, primeiro você se coloca em movimento e, em seguida, o seu dom milionário surge. No seu desenvolvimento, o dinheiro e a prosperidade começam a surgir.

Percebeu o quanto você precisa trabalhar a sua mentalidade para usar o seu dom milionário? Já está na hora de deixar de ser um bonsai, atrofiado num vaso, e passar a ser hortelã, se espalhando pela terra e crescendo muito. Mas lembre-se da fórmula: o seu processo multiplicado pelo tempo de Deus trará os resultados. Esse vai ser o seu milagre, que nada mais é do que a sua capacidade de usar as leis naturais a seu favor. Mas, para isso, sua parte precisa ser muito bem-feita, está bem? Na próxima parte deste livro, prepare-se para aprender o método Milionário Espiritual e fazer uma grande mudança em sua vida.

[**Faça uma análise sobre o quanto você ainda pode estar caindo nesses erros e armadilhas, e em seguida crie um plano de ação pra que nunca mais os cometa de novo.**]

CHECKLIST - ERROS A EVITAR

Quais dos erros citados anteriormente você ainda precisa eliminar?

- [ ] Família é a base de tudo.
- [ ] Quem vive a vida dos outros não tem a própria vida para viver.
- [ ] Família sempre unida.
- [ ] Estude para ser alguém na vida.
- [ ] O trabalho dignifica o homem.
- [ ] Para ser feliz, você precisa de trabalho (ou renda) estável.
- [ ] Deus ajuda quem cedo madruga.
- [ ] Tudo só acontece na hora que tem que acontecer.
- [ ] Dinheiro não é tudo.
- [ ] Eu quero muito enriquecer e prosperar, só não sei bem qual é a minha missão no mundo, qual é exatamente o meu dom.

PARTE 2
O MÉTODO MILIONÁRIO ESPIRITUAL

SEUS MEDOS REVELAM PISTAS DA SUA MISSÃO DE VIDA

@BRUNOJGIMENES

CAPÍTULO 4

SEU PRIMEIRO PASSO RUMO AO MUNDO DO MILIONÁRIO ESPIRITUAL

Agora, vou revelar a você quais são os três pilares do método Milionário Espiritual. Eles vão fazer você ativar os seus dons espirituais – que, na verdade, são dons da Fonte Divina – para que prospere e viva a vida nos seus próprios termos. Mas é muito importante que tenha paciência e dedicação, para seguir com pragmatismo tudo o que vou explicar. O Milionário Espiritual vai lhe trazer resultados desde que você siga direitinho o passo a passo. O método funciona, sim, e grande parte do poder dele está em fazer com que você pare de agir errado – e isso já começou a ser mostrado nos capítulos anteriores.

Antes de mais nada, é importante eu lhe dizer que o que vou revelar aqui é extremamente simples no contexto. Afinal, como a minha amiga e sócia Patrícia Cândido sempre fala, "Deus é simples". Eu complemento dizendo que unir espiritualidade e prosperidade também é simples. O homem é quem complica, não conseguindo enxergar a possibilidade de ambos andarem juntos, ou no mínimo mistificando, demonizando essa questão.

Vamos lá: o método Milionário Espiritual consiste em ativar um alto valor em tudo o que você realiza. Lembre-se de que um dos maiores erros da nossa sociedade é focar no dinheiro e querer fazer, simplesmente, com que ele renda. Muito raramente, essa fórmula funciona. Porém, quando você foca na ativação do valor da sua existência divina na Terra, você se ilumina.

Primeiramente, aceite que é um canal de Deus para expandir e melhorar o mundo. Se você já acompanha o meu trabalho, provavelmente já deve ter visto eu bater no peito e repetir:

"EU SOU UM CANAL DE DEUS PARA EXPANDIR E MELHORAR O MUNDO!"

Eu falo isso todos os dias... Duas, três, dez, trinta vezes por dia. O que é um canal? É um tubo que pega algo do alto e traz para baixo. Então, se você é um canal de Deus, é o próprio instrumento para que a prosperidade no mundo ocorra, é um verdadeiro mensageiro da abundância! Mas talvez, por muito tempo, tenha preferido aceitar os rótulos que a sociedade lhe deu. Só que você não é o que a sua família, os seus pais, os seus professores, os seus chefes e quem mais quer que seja acham que você é, e sim um canal da vontade maior. Quando você passar a enxergar essa diferença, vai começar a ativar o seu poder de prosperar nos seus próprios termos.

MILIONÁRIO ESPIRITUAL

Vamos a um exercício? Leia as perguntas a seguir, reflita bem e depois responda. Atenção: quanto mais se concentrar e se dedicar a cada resposta, e anotar tudo, mais você entrará na sintonia do Milionário Espiritual.

Você é você mesmo? Ou seja, você é o que você quer ser ou é o que os outros querem que você seja?

....

....

....

....

A sua vida é algo que você mesmo decidiu ou alguém projetou para você? Por exemplo, seu pai era advogado e você também acabou trabalhando com advocacia, mesmo que não fosse o seu sonho.

....

....

....

....

O que você faz hoje é para agradar a outra pessoa ou a si próprio?

....
....
....
....

Você gosta do que faz ou, em algum momento, alguém o influenciou a gostar?

....
....
....
....

Se você vivesse plenamente alinhado com uma vontade sutil da sua consciência, como isso seria? Diferente do que é hoje?

....
....
....
....

MILIONÁRIO ESPIRITUAL

Se você não tivesse medo algum na vida, qual seria a primeira coisa que você mudaria ou buscaria? Pense naquilo que você já quis fazer, mas acabou deixando de lado por medos e travas.

....

....

....

....

Espero que não seja o seu caso, mas a maior parte das pessoas não tem a vida que gostaria de viver. Quando se fazem os questionamentos anteriores, percebem que foram programadas por outros, e não pela Fonte Divina. Não se permitem ser o canal dessa Vontade Maior. Mas, quando começam a enxergar essa diferença, conseguem ativar o seu poder de prosperar dentro de suas próprias convicções.

O maior código espiritual de riqueza é:

Servir a Deus e se realizar no plano Dele, ao invés de querer a ajuda de Deus para se realizar no seu plano.

Aqui nesse mundo, você recebe vários rótulos: RG, carteira de motorista, passaporte... Tudo tem o seu nome e um número. Mas existe um outro: a aura. Esse campo de energia em torno de você é o rótulo que Deus lhe deu, onde reside a sua autoimagem. Só que há algo chamado "ideoplastia" ("ideo" vem de mente e "plastia" seria a capacidade de se moldar). Então, Deus deu a você uma imagem, semelhante à Dele. Porém, depois vêm a influência de seus pais, da escola, do governo, do seu chefe, e você começa a moldar a sua aura de outra forma... Por isso, estou aqui para lhe lembrar: "Você é um canal de Deus para expandir e melhorar o mundo". Esse é o primeiro ponto para entender a metodologia do Milionário Espiritual.

O segundo é: por ser um canal de Deus para expandir e melhorar o mundo, a prosperidade flui por você, através de você. E o seu trabalho é entender e expressar cada dia mais essa missão. É por isso que prosperidade não combina com estabilidade! Prosperidade significa ir além, estar sempre crescendo, se expandindo, se alastrando como a hortelã no jardim. O Frei Hermínio Bordignon, de Porto Alegre, sempre disse: "Deus sozinho é só capim". Com isso, ele queria dizer que, se os seres humanos não estivessem aqui, o mundo não teria se desenvolvido. Quando agimos, fazemos tudo prosperar.

O terceiro ponto para você ativar o seu dom milionário – que, na prática, significa acionar esse poder de Milionário Espiritual – é experimentar, diariamente, três passos simples. Eles vão fazer a sua prosperidade fluir de uma forma descomunal. Não interessa quem você é, onde está, qual a sua trava, qual o seu poder, se você está rico ou se não sabe o que é ter dinheiro, se está feliz ou se não conhece alegria. Usando diariamente esses três passos, sua vida começará a mudar radicalmente. E quais são eles?

1 Expectativa positiva

2 Expressão da gratidão

3 Ação inspirada

EXPECTATIVA POSITIVA

Vamos, então, ao primeiro passo do método Milionário Espiritual. Para entendê-lo, basta lembrar de outra frase que sempre costumo falar:

"A EXPECTATIVA POSITIVA É A SEMENTE DA PROSPERIDADE."

Expectativa positiva se refere à expansão, à alegria, à perspectiva. O que você acha melhor: uma pessoa sem dinheiro com perspectiva ou outra milionária sem perspectiva? Essa pergunta foi uma simples brincadeira, porque a resposta certa seria: o melhor de cada um – dinheiro e perspectiva! Essa é só uma pegadinha para lembrar que a mente escassa está sempre escolhendo entre um ou outro, porém, na maioria dos casos, podemos ter tudo. Mas, se formos comparar uma pessoa com perspectiva e uma pessoa com dinheiro, uma mente milionária pode ser muito superior à que tem apenas uma conta milionária.

Um pilar fundamental do Milionário Espiritual: haja o que houver, espere sempre o positivo. Acorde e sustente uma expectativa otimista sobre cada coisa que vai fazer. E aja de maneira condizente. Se tem um trabalho que pensava ser chato e cansativo, imagine que algo bom vai acontecer. Mantenha essa sensação, porque é ela que importa. Se no final de semana o seu parceiro quer que você vá com ele visitar alguém de que você não gosta muito, faça o mesmo:

sustente uma impressão, uma sensação de que vai ser ótimo, porque alguma coisa mágica e positiva vai ocorrer. Se lhe acontecer algum imprevisto, uma batida de carro, uma contusão, uma parceria de trabalho que encerrou de forma ruim, faça o mesmo. Para cada contratempo, acredite na ideia de que alguma coisa melhor está vindo.

Eu precisei fazer isso quando rompi o ligamento do meu joelho esquerdo. Olhei para a minha agenda e, num primeiro instante, só vi negatividade: "Ah, vou ter que cancelar aquilo, não vou poder ir nisso...". Até que me dei conta e mudei o discurso: "Não! Eu vou acreditar que algo bom vai acontecer". Por outro lado, me permiti viver um pouco o meu "luto". Eu sabia que ia ter que fazer uma cirurgia, ficar um mês me recuperando, encarar a fisioterapia e passar quase um ano sem poder jogar futebol. Isso, lógico, doeu em mim. Mas aí o que eu fiz? Decidi me manter em depressão por apenas oito horas. Coloquei o despertador do celular para tocar e, durante aquele tempo, vivi a minha tristeza. Quando o alarme disparou, falei: "Agora chega, acabou a depressão!". Peguei um papel, comecei a escrever uma série de coisas que eu não vinha fazendo porque estava sempre ocupado. Depois, enquanto estava me recuperando com o joelho para cima, desenhei projetos e aprofundei as minhas pesquisas. O resultado de minha expectativa positiva está, agora, nas suas mãos: o conteúdo deste livro foi produzido graças ao rompimento do meu ligamento.

É por isso que ter expectativa positiva é tão importante. Em outras palavras, significa você sustentar na sua mente que algo positivo vai acontecer, justamente quando os números e as ideias racionais mostram que é totalmente ao contrário. Pensar é criar, não é mesmo? Acreditar é sentir. Isso é muito simples, mas o problema é que a mente da maioria das pessoas permanece muito pouco treinada. Por exemplo, se você tem uma loja que não está indo muito bem, ao olhar para os dados do caixa provavelmente dirá: "Poxa, esse final de ano não estamos vendendo nada". Mas, no método Milionário Espiritual, você não trabalha com o que está enxergando, e sim com outra mentalidade: "Vai acontecer alguma coisa boa e vamos vender muito, vamos enxergar o que não estamos enxergando, então vamos fazer o que não estamos fazendo e vamos vender como nunca vendemos". Você cria a expectativa positiva para ela vir. Ou seja:

É CRER PARA VER, E NÃO VER PARA CRER.

Lembro de uma vez em que eu e a Patrícia fomos chamados para fazer um treinamento numa empresa. Aceitamos, mas logo veio à minha cabeça: "Ah, eu não queria dar essa aula... É um pessoal que, nitidamente, não está a fim de mudar. Estão querendo que a gente vá ensiná-los a fazer o que eles não querem. E ainda vamos sair de lá com os funcionários reclamando do conteúdo". Mas, na mesma hora, me lembrei da expectativa positiva e alterei meu pensamento: "Não, nós iremos e vamos tirar proveito. Alguma coisa boa vai acontecer". Fiquei forjando essa nova ideia e fui para lá sentindo isso.

Chegando na empresa, aconteceu a magia. Nunca mais me esqueci disso. No final, uma pessoa disse que havia ficado muito mexida com a nossa aula e nos deu de presente diárias em um hotel muito agradável. Assim, ficamos eu e Pat lá, curtindo aquela prosperidade... Além disso, fizemos amizades e conseguimos novas parcerias. Porém, não ia acontecer nada disso se não tivéssemos criado a expectativa positiva.

Qual é a sua treta atual?

Vou propor, agora, que você faça mais um exercício. O nome dele é bem sugestivo: "Qual é a sua treta atual?". Mas, se preferir, pode chamar também de "O que é que está pegando na sua vida?". As regras são simples. Você vai escrever três problemas – ou desafios, que é uma forma mais positiva de se ver as dificuldades – e, em seguida, responda: "Como posso criar uma expectativa positiva para isso?".

Vamos a um exemplo:

Desafio

Amanhã, vou visitar a minha família e estou sentindo que tem algum assunto ruim sobre a saúde da minha mãe, porque ela anda indo muito aos médicos.

Expectativa positiva

Amanhã, vou visitar a minha família e estou sentindo que minha mãe vai me dar uma ótima notícia sobre o quanto finalmente ela está se priorizando e cuidando mais de si mesma.

Agora é a sua vez:

Desafio 1:

....

....

....

Expectativa positiva do desafio 1:

....

....

....

Desafio 2:

....

....

....

Expectativa positiva do desafio 2:

....

....

....

....

Desafio 3:

....

....

....

....

Expectativa positiva do desafio 3:

....

....

....

....

Ao fazer esse exercício, conseguirá perceber que você próprio está se bloqueando. Isso pode estar acontecendo porque não está prestando atenção à sua atitude ou, simplesmente, porque está entrando com a expectativa negativa. Afinal, se a expectativa positiva é a semente da prosperidade, o que seria a negativa? A semente da escassez! Quando você fica preso àquilo que não funciona ou ao que não presta, sua vida não vai para a frente. Tudo trava. Ao focar no pessimismo, não eleva a sua frequência e deixa de entrar em sintonia com o fluxo da prosperidade.

Coloque em prática o primeiro pilar do Milionário Espiritual e a sua vida mudará.
Você vai começar a "achar ouro", porque vai viver em conexão.

Quando você está indo para alguma situação já com a expectativa de que vai dar errado, pode acreditar que é o que vai acontecer. Por isso, a expectativa positiva é o pilar número um do Milionário Espiritual. Você precisa se ligar muito nisso: expectativa positiva é entrar em tudo sempre esperando, sentindo e vendo o melhor. Assim, o seu radar só aponta para o que é bom. É o princípio básico de uma mente lucrativa. Lembre-se do meu mantra (que agora também é seu): "Aonde quer que eu vá, onde quer que eu esteja, o que quer que eu faça, com quem quer que eu esteja, eu sempre dou lucro".

Mas, agora, você pode estar pensando: "Ah, mas ser positivo o tempo todo cansa...". Mentira! O que cansa é receber negatividade a todo instante. O problema é que a maioria de nós foi condicionada a ser pessimista, a ter uma mente escassa. E é óbvio que cansa mudar um padrão. Se você está se sentindo destreinado para ser um otimista, motive-se ao saber que é uma benção enorme estar do lado positivo. Porque é assim que você ativa seus dons milionários e todo o poder do Milionário Espiritual.

Outra coisa que cansa é não ver o lado positivo das frustrações e decepções, não encontrar ouro na queda, na derrota e na dor. Não há melhor mina de ouro que a análise sensata dos sofrimentos, por isso, quem diz que cansa ser positivo é porque nunca foi positivo de forma consistente e continuada.

O primeiro pilar, da expectativa positiva, não falha. Ele contempla tudo o que há de melhor. A prosperidade ampla é um nível de acesso, uma chave que liga um motor, não é um pote de ouro. Se você não ligar o pilar 1 – expectativa positiva –, nunca conseguirá ouvir o chamado de Deus para enriquecer. O enriquecimento acontece quando somos usados por Ele para fazer o que Ele entende ser do plano Dele, porém, se não há expectativa positiva, não há conexão, e sem conexão não há acesso ao fluxo do pilar número 2.

PROBLEMAS ANDAM EM CARDUME, OPORTUNIDADES TAMBÉM

@BRUNOJGIMENES

CAPÍTULO 5
SEGUNDO PILAR: EXPRESSÃO DE GRATIDÃO

Agradecer. Parece algo tão simples, mas, para muita gente, não é. E esse é justamente o segundo pilar do Milionário Espiritual: a expressão de gratidão. O que seria isso? É acordar e agradecer. Seus olhos vão abrindo e você já vai agradecendo por cada coisinha que enxerga. Sei que, provavelmente, você não está acostumado a fazer isso. Mas é treino: respire e agradeça; mexa-se, alongue-se e agradeça. Demonstre a sua gratidão em cada ato que fizer. Faça isso não só porque você é grato, mas porque está treinando para ser grato.

Você pode até dizer: "Ah, mas eu não sinto isso...". Não tem problema! Agradeça por interesse, por egoísmo. Minta para si próprio e faça essa prática mesmo de maneira forçada. Você tem que treinar! Abra os olhos e diga: "Que coisa boa, eu tenho olhos; que coisa boa, eu tenho nervos, tendões...". Vá dizendo "obrigado" por tudo o que tiver a percepção. Aja dessa maneira não apenas porque está treinando, mas porque você quer ser próspero. Então, é gratidão ou interesse? Nesse momento, não pense nisso. Apenas treine, tendo em mente que o objetivo final é lhe trazer prosperidade. Aos poucos, o sentimento de agradecer se tornará verdadeiro.

O fato é que tem gente que, simplesmente, não consegue sentir gratidão pelo que tem. Isso é comum, porque fomos criados reclamando, e a reclamação vicia. Como consequência, acabamos nos conectando a grupos que fazem com que essas lamentações aumentem. A maioria das pessoas parece ser assim. Para elas – e, quem sabe, para você –, eu vou dar três conselhos:

1 Agradeça por obrigação. Não porque você está sentindo, mas porque é o certo. Quantas coisas fazemos simplesmente porque é lei, não é mesmo? Então, faça com o objetivo de cumprir a tarefa de aprender a agradecer.

2 Agradeça, porque, se não fizer isso, mandará uma mensagem vibracional ao Universo informando que não está aberto para receber mais nada. É como se dissesse: "O que eu ganho, não gosto; então, não quero mais". Pior ainda: está fazendo de tudo para continuar não sentindo gratidão, o que, na prática, significa que vai atrair perdas e problemas.

3 Agradeça para não perder o que tem. Imagine que você acordou de manhã cedo apenas com os objetos que se lembrou de agradecer no dia anterior. Por exemplo: foi escovar os dentes, mas não tinha mais escova, nem pasta; quis usar o vaso sanitário, mas não tinha mais vaso, nem papel higiênico. Ou seja, tudo o que não estava na sua lista de gratidão não existe mais. Ao fazer essa prática, você passará a entender que tudo à sua volta é motivo para agradecer. Porque, em geral, só aprendemos a ser gratos depois que sentimos falta de algo...

Afinal, qual o sinal que você está mandando para o Universo? Saiba que é na vibração da gratidão que ele funciona. É a frequência normal do Universo. Quando você não entende isso, precisa perder para lembrar que tinha algo. E, a partir desse sofrimento, só vai voltar a ganhar quando sentir que valeu a pena e agradecer. Muitas pessoas que hoje estão na pobreza experimentam o contraste do lado negativo da polaridade da gratidão, para um dia poderem dar valor. Vamos a um exemplo: seu filho, hoje, tem muito mais brinquedos do que você possuía na sua infância. Daí, fala para ele: "Filho, não seja mal-agradecido, porque na minha época eu brincava com boneca de pano". É como se o Universo lhe falasse a mesma coisa: "Você não está valorizando os 'brinquedinhos' que estou lhe dando? Então, vou tirar e você vai ter que agradecer por uma simples boneca de pano". É assim que funciona...

O que você não agradece hoje não tem no outro dia. Óbvio que é impossível lembrar de ser grato por tudo, mas o importante é ir treinando.

Anos atrás, por exemplo, o meu primeiro estúdio se chamava Estúdio C – C de colchão – e ficava na sala da minha casa. Eu esperava passar de meia-noite, para não ter mais o barulho dos vizinhos, e pegava três ou quatro colchões velhos, me envolvendo neles para que o microfone não pegasse ruídos. Se eu ligasse o ar-condicionado, pegava ruído. Mas que ar-condicionado? É lógico que eu não tinha. Passava um calor danado para gravar e ainda ficava com rinite, por causa dos colchões cheios de ácaros. Mesmo assim, eu agradecia. Eu não fazia pouco caso do meu Estúdio C.

Hoje, quando olho o que construímos na Luz da Serra, continuo agradecendo. Tem vários técnicos trabalhando, cinegrafistas, videomakers, diversos equipamentos modernos e mesa de edição. Aí eu falo: "Meu Deus, gratidão!". Acredite: este segundo pilar do Milionário Espiritual é algo muito sério.

Gratidão no que você nem imagina

Mais um detalhe importantíssimo sobre a expressão de gratidão: nós só conseguimos senti-la se prestarmos muita atenção à vida. Para você entender isso, vou contar uma história que aconteceu comigo. Um dia, eu estava na minha casa e comecei a olhar fixamente para uma lâmpada. Pensei: "Nossa, Thomas Edison testou mais de mil formas de fazer a lâmpada. E ele disse que não foram mil maneiras erradas, e sim mil maneiras de saber como não fazer". A partir daí, comecei a agradecer não apenas a esse inventor, como também a quem criou o bulbo à vácuo, o vidro, a quem hoje tem fábrica de lâmpadas, ao engenheiro que ficou inúmeras horas longe da família para trabalhar na evolução da lâmpada incandescente para a fluorescente, que não esquenta e gasta menos... A minha conclusão foi: "Poxa, todas essas pessoas merecem a minha gratidão!".

Devo ter ficado vários minutos olhando para a lâmpada lá de casa, até que minha esposa, Aline, parou do meu lado e perguntou: "O que está acontecendo com você? Não para de olhar para essa lâmpada. Já estou ficando preocupada!". Eu, simplesmente, estava fazendo a expressão de gratidão para aquele dispositivo tão comum. Por isso, entrar dentro da história de cada objeto que nos atende também é uma forma de exercitar a prática da gratidão.

Pense, agora, no controle remoto de um ar-condicionado. Ele muda a temperatura, sem você nem sair do lugar. Gratidão a quem criou isso. Ele funciona à base de pilha. Gratidão a quem inventou a pilha. Gratidão também a quem inventou o plástico, que é o produto de que é feito o controle... Você já pensou no quanto essas pessoas estudaram e se dedicaram para termos esse objeto em nossas mãos? Olhe para a mesa da sua sala. Gratidão ao marceneiro que a criou, a quem inventou a lixadeira e o verniz que ele usou... Observe a garrafa térmica que deixa o seu café quentinho. Pense na capa de seu celular. No seu computador. Quantas pessoas por trás de todas essas invenções! E isso é lindo!

Pode ser que você ainda não esteja acostumado a analisar a história de tudo o que está ao seu redor e expressar a sua gratidão por isso. Mas é, também, uma forma de respeito. Existe uma frase que ouvi, certa vez, de um psicólogo comportamental, que faz muito sentido: "As pessoas querem o que a gente tem, mas não querem fazer o que a gente fez". Então, celebre, comemore e honre tudo o que existe ao seu redor. Reverencie este livro, os óculos que o ajudam a ler, a cadeira em que você está sentado... São criações que envolveram vários processos até chegar a você. Você precisa entrar na sintonia da gratidão por todas essas coisas. Por tudo o que há no mundo, por tudo o que há na sua vida.

Aprenda de uma vez por todas: a gratidão é como uma estação de rádio com a qual você pode se conectar e ouvir tudo que tocar por lá, e quanto mais escuta as músicas, mais atrais coisas, situações e pessoas pelas quais vai se sentir mais grato.

Imagine que, perto de você, inaugurou um supermercado. Antes, você tinha que pegar o carro e dirigir alguns quilômetros para fazer as suas compras. Em vez de agradecer, você pode dizer: "Ah, mas ele é muito caro". Caramba! Inverta isso: "Gratidão a quem teve a ideia de investir o seu dinheiro para abrir um supermercado no meu bairro. Gratidão porque agora posso ir a pé. Gratidão aos funcionários.". É preciso entrar na história das coisas e reverenciar o esforço alheio.

Então, a pergunta que eu quero fazer aqui é: você tem entrado com a gratidão na história das coisas? Segunda pergunta: você tem reverenciado as coisas e as pessoas que lhe servem? Você reverencia o vidro elétrico do seu carro, a pessoa que varre o chão da sua rua, quem faz o seu café da manhã, o inventor de pratos e talheres? Se você entrar na história das coisas, vai dar um salto na sua vida. Ser um milionário espiritual é algo revolucionário!

Agradeça também pelas 'tretas'

No capítulo passado, fiz um exercício com você, em que pedi que listasse as suas tretas (ou seja, os seus problemas e desafios). Você seria capaz de agradecer e reverenciar também a história das coisas e pessoas que o levaram a essas situações? Parece difícil, não é mesmo? Mas eu vou trazer aqui alguns exemplos, para ver se consigo virar essa chave em você.

Pense que a sua treta é ter que resolver um problema na justiça. Então, você vai até um advogado indicado por um amigo e fica horrorizado com o preço que ele cobra. Seu primeiro impulso é xingar mentalmente: "Advogado filho da mãe!". Mas, se você entrar na "história da coisa", vai começar a valorizar a formação dele, o escritório em que ele o atendeu, o cafezinho que a funcionária dele lhe serviu e a trabalheira que ele vai ter para fazer um inventário que está para lá de atrasado. Assim, você começa a reverenciá-lo e a ser grato.

Outro problema, muito corriqueiro para quem mora em casa com jardim: a grama está alta e você contrata um jardineiro. Ao final do serviço, ele lhe cobra R$ 300 e você fica indignado. Mas vamos entrar na história dele? Esse profissional acordou cedo, para não fazer o serviço debaixo de sol forte; pegou o cortador de grama, que é pesado, e colocou em sua caminhonete; no caminho, parou para abastecer o carro e para comprar gasolina para o cortador; e isso sem falar no conhecimento do ofício, que ele aprendeu com o pai dele quando ainda era criança.

Consegue enxergar beleza e força nisso? Então agradeça e pare de achar que ele cobrou caro.

Mas atenção: entrar na expressão de gratidão é diferente de sentir gratidão. O pilar da expressão de gratidão é você se concentrar em entender a história por trás de tudo, com o viés de validar. Se alguém fizer algum mal, eu sei que é difícil se sentir grato. Porém, é possível reconhecer a gratidão. Por exemplo: seu pai aprontou algo com você que o magoou muito. Então, você diz: "Ah, eu não consigo ter gratidão pelo meu pai... Não consigo reverenciá-lo". Olha, você pode até não ter amor por ele. Porém, você deve ter gratidão e honrar a existência dele, porque, se não fosse por ele, você não teria nascido. Honrar é entender que aquele ser, em algum momento, fez o bem para você.

Eu, por exemplo, tenho um amigo que, num determinado momento, pisou na bola comigo. Hoje, eu não carrego mais nenhuma mágoa dele e, quando o vejo na rua, até o abraço. Sabe por quê? Porque foi graças a ele que eu entrei para o mundo em que estou hoje. Então, como é que eu não vou honrá-lo? Ele foi o instrumento de uma mudança em mim, que me tornou uma pessoa melhor. Hoje, expresso minha gratidão pelo que aconteceu. Não adianta viver com mágoa de pai, mãe, irmão, ex-chefe, ex-namorado, ex-marido por uma vida inteira. Você tem todo o direito de não amar e de não gostar dessas pessoas. Mas você não tem o direito de, simplesmente, não honrar. Honrar é respeitar a importância que a pessoa teve na sua vida, contribuindo para o seu aprendizado e existência. Saber agradecer por isso é fortalecer o segundo pilar do Milionário Espiritual.

Todo mundo possui duas gavetas: uma é a da gratidão; a outra é a da mágoa, da tristeza, do rancor. Procure manter sempre cheia a gaveta da gratidão. Ser grato é honrar as experiências da sua vida. Honrar não é concordar com a pessoa que lhe magoou, não é aceitar o que ela fala. É só você compreender que ela teve um papel na sua construção pessoal e, assim, seguir a sua vida de maneira mais leve e equilibrada. Sempre grato a tudo, que é uma das atitudes essenciais para desenvolver o seu dom milionário.

Lembre-se de que estar magoado com alguém não significa que a pessoa não tenha motivos para gratidão; esse é o conceito das duas gavetas. Coloque na gaveta de coisas negativas o que fizeram de ruim para você, caso não consiga perdoar. E a gaveta da gratidão? Estará sempre lá. A mesma pessoa que te faz mal pode sim ser motivo de gratidão por outras coisas. Assim é com as pessoas que você mais ama ou odeia. Nunca deixe de alimentar a gaveta da gratidão só porque a gaveta de mágoas está cheia, uma coisa não anula a outra.

[Use a gratidão todos os dias de sua vida e as portas da prosperidade se abrirão para você. Seja grato por estar aqui, por ter tomado a decisão de ser a pessoa certa no lugar certo, por ser um canal de Deus para expandir e melhorar o mundo. Sustente a expressão de gratidão e algo impactante começará a acontecer na sua vida:
O pilar número 3.]

A DISCIPLINA É A DEMOCRACIA DO SUCESSO, É ONDE PESSOAS NORMAIS TORNAM-SE SENSACIONAIS

@BRUNOJGIMENES

CAPÍTULO 6
TERCEIRO PILAR: AÇÃO INSPIRADA

A chance milionária

Leia com bastante atenção essa verdade que vou revelar a você: todo mundo, alguma vez na vida, já foi inspirado em alguma forma para ficar muito rico, só que não soube entender. Talvez, neste exato instante, você tenha feito uma rápida retrospectiva da sua vida para tentar lembrar quando isso aconteceu. Mas calma... Se você não percebeu essa inspiração antes, a partir de agora, ao compreender o terceiro pilar do Milionário Espiritual – que é a ação inspirada –, você não vai mais deixar passar a próxima oportunidade de ouvir essa voz interna e prosperar.

Qual é o segredo para se chegar a uma ação inspirada? Você vai ter que usar a matemática! Veja:

$$\text{Expectativa positiva} + \text{Expressão de gratidão} = \text{Ação inspirada}$$

Ou seja, o terceiro pilar só vai acontecer em sua vida se você usar a expectativa positiva (primeiro pilar) junto à expressão de gratidão (segundo pilar). Dessa maneira, terá criado a equação perfeita que trará como resultado a inspiração. Mas atenção: você tem que se abrir para recebê-la. Precisa criar um recipiente para a prosperidade vir.

Vou repetir o maior segredo para Deus te fazer rico.

> **O código espiritual de riqueza é:**
>
> Servir a Deus e se realizar no plano Dele, ao invés de querer a ajuda de Deus para se realizar no seu plano.

Como vai ser isso na prática? Vamos pensar no preparo de um bolo. O primeiro ingrediente é você começar a levar a vida do jeito que já demonstrei: vendo expectativa positiva em tudo, sempre sustentando o otimismo diante das situações – inclusive, nas mais desafiadoras. "Ah, Bruno, que trabalho que dá fazer isso...". Não venha me dizer uma coisa dessas! Trabalho é você ter que pegar um ônibus num dia que está chovendo e frio, e, enquanto espera, um carro passa sobre uma poça que espirra água contra você, que fica todo molhado! Trabalho dá quando alguém da sua família está precisando de alguma ajuda na área da saúde e você vê que não tem o dinheiro que poderia resolver esse problema. Trabalho dá quando você não pode estudar ou pagar para pessoas da sua família estudarem nos melhores lugares. Então, vamos parando por aí, porque ter expectativa positiva não dá trabalho, não! Agora, pensar de forma equivocada sobre os códigos espirituais da riqueza é algo que cansa mesmo, mas você está aqui para aprender a decodificar essas leis divinas e a abundância.

Paralelamente a isso, você entra com o segundo ingrediente do bolo: ser grato por tudo. Como já disse, é uma questão de treino. Vá treinando bastante, todos os dias de sua vida, porque a gratidão funciona como o fermento que vai fazer a massa crescer. Agora, só falta uma coisa: colocar o tabuleiro no forno. É isso que chamo de ação inspirada. Sem esse movimento, o bolo não fica pronto.

O problema é que as pessoas não sabem receber a ação inspirada. Isso porque, na maioria das vezes, ela aparece do nada, em qualquer lugar que você esteja. A equipe que trabalha comigo já sabe... Quando, de repente, eu pego um pedaço de papel e anoto algo, é porque estou tendo uma inspiração. Com este livro, foi assim. A ideia vem e eu preciso anotar.

Mas não basta anotar. Tem que agir! Aliás, isso já está bem claro no nome do terceiro pilar do Milionário Espiritual: AÇÃO inspirada. Isso significa que você recebe uma inspiração para AGIR. Olha, você não tem noção de todo o contexto à minha volta que tentou me impedir de escrever este livro. Mas eu lutei contra todas as hipóteses, possibilidades e probabilidades do momento e disse para mim mesmo: "Tem que ser agora!". E por que tinha que ser agora? Porque era uma ação inspirada.

Para você ser um Milionário Espiritual, então, tem que colocar em prática essa tríade:

Triângulo com os vértices: EXPECTATIVA POSITIVA, AÇÃO INSPIRADA, EXPRESSÃO DE GRATIDÃO

Ação inspirada, portanto, é quando você recebe da Fonte (ou de Deus, se preferir) uma inspiração para prosperar, desde que aja. Isso porque é uma inspiração que cobra de você uma atitude. É aquela voz que chega até você dizendo: "Vai!". E pode acreditar: atender a esse chamado é o seu maior dom milionário!

Timing de Deus versus timing do ego

Por outro lado, a ação inspirada também é o pilar mais desafiador. Por que estou falando isso? Porque, ao ter uma ação inspirada, você tem que usá-la no timing de Deus. O problema é que a maioria das pessoas opta pelo timing do ego: recebe a inspiração e decide não agir naquele momento. As desculpas são as mais diversas, como: "Ah, agora não... Preciso descansar... Vou fazer isso quando me aposentar...".

O que você precisa entender é que, quando a inspiração bate, é um chamado que não pode esperar. Se você quer fluir e ser um canal de Deus para expandir o mundo, faça como Noé: vá lá, junte um casal de cada espécie de animal e ponha todos numa arca. Ação inspirada é um processo de fé, é um processo de autoconhecimento.

E como sei disso? Porque eu, Bruno, já deixei passar algumas ações inspiradas e perdi muito dinheiro com isso. Pelo menos três inspirações que tive, mas que não dei bola por achar bobeira, outras empresas aplicaram depois e se deram bem. Eu também tenho dois livros parados que, quando a inspiração veio, eu deixei murchar a ideia... E acabei murchando junto. Porém, também já aproveitei a ação inspirada para criar duas coisas das quais mais me orgulho muito: a Fitoenergética e a Aura Master.

Vamos a outro exemplo. Suponha que você recebeu um chamado para trabalhar em outra cidade. "Não, não vou. Como vou deixar minha família, meus amigos?" – e, dessa maneira, perde o timing de Deus. É por isso que, assim como os outros pilares do Milionário Espiritual, a ação inspirada também exige treino, para que você aprenda a recebê-la e, em seguida, tome uma atitude.

Este terceiro pilar é essencial porque revela aquilo que Deus está apresentando para nós. Então, com a inspiração, você usa as forças espirituais para ativar a prosperidade dos seus sonhos. Ação inspirada é quando você usa a intuição para agir, fazer o que Deus quer e prosperar com isso.

Como ativar a ação inspirada?

Para você conquistar ações inspiradas, precisa de movimento e de práticas mentais.

O primeiro passo é realmente sustentar os dois pilares iniciais, porque é a junção da expectativa positiva com a expressão de gratidão que te coloca em sintonia com a frequência de abundância de Deus. Sabia que a polícia tem uma radiofrequência própria, certo? Pois é, a riqueza de Deus também tem a sua. Quando você está ligado nessa frequência por meio dos dois pilares iniciais, em algum momento, Deus vai falar e você vai ouvir. Se agir, você prospera porque está seguindo a convocação mais próspera da sua vida.

As práticas consistem em aprender a habilidade mais importante nesse contexto: o timing de Deus! Não é no seu tempo, não é conforme a sua disponibilidade, não é conforme o seu capricho. Quando Deus falar na radiofrequência com a qual você estiver sintonizado por causa dos pilares 1 e 2, você terá que transformar o chamado em ação e começar a fazer o que Ele te pede.

As práticas mentais do Milionário Espiritual são absolutamente simples, mas você precisa fazê-las diariamente – ou, pelo menos, cinco vezes por semana. Veja como fazer:

Sente-se numa cadeira, feche seus olhos e respire fundo pelo menos dez vezes. Faça essa respiração de forma bem consciente: ao inspirar, conte mentalmente até quatro (ou até quanto conseguir) e sinta a sua barriga aumentar; ao expirar, conte novamente o mesmo número de vezes e vá encolhendo a barriga. Assim, você oxigena o cérebro e deixa o racional de fora.

Ainda com os olhos fechados, relaxe e mantenha o seu ciclo respiratório normal. Mentalmente, repita: "Sou grato à minha vida, ao meu corpo e à minha consciência". Repita mais duas vezes, somando três no total. Agora repita três vezes: "Dou graças à vida e à bênção da minha existência".

Com a ponta dos dedos, dê toquinhos no centro no peito, na altura do coração, e repita: "Eu sou um canal de Deus para expandir e melhorar o mundo". Você pode falar essa frase várias vezes.

Pare de bater no peito e, ainda com os olhos fechados, apenas sinta essa sensação.

Agora, faça a seguinte pergunta mentalmente: "Qual é a minha inspiração de luz para hoje?". Espere a resposta em silêncio. Pergunte mais uma vez e espere. Se, por acaso, você receber uma intuição rápida, uma ideia, pode tomar nota. Se a resposta chegar somente depois de um tempo, está tudo certo.

! Espere entre dois e três minutos e então faça mais uma pergunta: "Como posso servir mais e melhor?". Fique em silêncio esperando a resposta.

! Espere entre dois e três minutos e faça a última pergunta: "Como posso aumentar meu estado de amor?". Fique em silêncio esperando a resposta.

! Espere entre dois e três minutos e, devagar, vá voltando à consciência e abra os olhos.

Viu só que exercício simples? Ele não vai tomar nem cinco minutos do seu tempo. E as respostas que você ouvir não virão da sua cabeça, e sim diretamente da Fonte Divina. Por isso, o Milionário Espiritual é um método para você ser um agente de Deus.

Outro dia, me perguntaram: "Bruno, qual é o seu segredo para prosperar e ser feliz?". Minha resposta foi bem direta: "Eu faço o que Deus quer e ainda tiro onda com isso". É algo muito louco, até difícil de explicar. Mas a verdade é que, quanto mais eu treino, mais inspirações eu tenho e vou lá e faço. Às vezes, eu nem queria fazer, mas sinto que é preciso e não deixo escapar a oportunidade, porque sigo o timing de Deus. Quando esse timing chega, eu tenho certeza de que vai funcionar. Sei que vai dar certo. Ainda mais depois de eu ter dado mais ouvido ao timing do ego em algumas situações e ter visto que, com isso, acabei perdendo boas oportunidades.

Agora, antes de você ir para a terceira parte deste livro, em que vou apresentar os princípios do Milionário Espiritual, vamos relembrar: você tem um método em suas mãos.

O que ele fará? Ele irá ativar o seu dom espiritual, que é o chamado "dom milionário". Por sua vez, esse dom milionário vai ativar a sua matriz divina para prosperar. Você entende o que é ativar a sua matriz? É isso que você já está fazendo. Então, quando aprende os três pilares, você simplesmente entende como usar as inspirações da Fonte Divina para prosperar e enriquecer nos seus próprios termos.

Talvez você agora esteja se perguntando: "Mas eu tenho que fazer o que Deus quer?". Ora, se você usa a expectativa positiva junto da expressão de gratidão, e como consequência tem uma ação inspirada, você acha mesmo que será contrariado? Se Deus é a fonte de sabedoria, acredita que Ele irá mandar você fazer algo que não seja bom? Não vai! Então, pegue a inspiração divina e tire onda com isso. Eu vejo que Deus me usa como palestrante, como escritor, com tudo o que estou alinhado. Ele não pede para eu ser cantor. Mas, se isso acontecer, é porque Deus sabe que no meu DNA existe a voz para o canto.

Quando fui chamado por Ele para ser escritor, mal sabia escrever e carregava na memória as vergonhas que passei a vida toda por ser péssimo em gramática e jamais aprender as regras da língua. Hoje, depois de tantos livros publicados, me parece que não conseguiria viver sem ser escritor. Quando fui chamado por Ele para ser palestrante, tremia e tinha quedas de pressão ao cogitar a possibilidade de falar em público. Hoje, depois de milhares de palestras, me parece que não conseguiria viver sem falar para grandes públicos.

> Aprendi algo que quero compartilhar para que você reflita:
>
> **Seus medos revelam pistas da sua missão de vida. Sempre depois de um medo enfrentado tem um pote de ouro. Acredite: não falha nunca.**

Portanto, ativar seu dom milionário é lembrar de que espécie você é. Se você é laranjeira, vai nascer laranja, se é camomila, vai florescer camomila. Com o terceiro pilar, você ativa o seu DNA espiritual, o seu DNA sagrado. E pode ser que descubra um dom que nem sabia possuir, o dom de gerar riqueza dos reinos de Deus na Terra.

Lembre-se: a dor de enfrentar seus medos e fazer o que Deus pede sempre será menor do que a dor de viver fora do chamado Dele.

$$\text{Expectativa positiva} + \text{Expressão de gratidão} = \text{Ação inspirada}$$

Esse é o segredo do Milionário Espiritual. Mas compreenda que precisa praticar esses três pilares direitinho, todos os dias. No caso da prática mental, como já disse, pode ser cinco vezes por semana, sendo que ela só vai funcionar se você estiver esperando sempre o melhor e sendo grato por tudo. Você vai ver que, com o tempo, as inspirações vão chegar mesmo quando não estiver fazendo o exercício, porque você já faz parte da "Rádio Clube da Riqueza de Deus". Então, treine, treine, treine. Isso é o melhor a fazer, até chegar ao próximo nível.

Para finalizar não só este capítulo, mas também as explicações básicas sobre o Método Milionário Espiritual, vou fazer uma pergunta: você quer usar suas inspirações da Fonte Divina para prosperar e enriquecer nos seus próprios temos, com leveza e rapidez? Se a resposta for sim, faça a sua parte. Agora é você quem me questiona: "Então quer dizer que Deus vai me inspirar, mas se eu não fizer a minha parte nada vai mudar na minha prosperidade? Eu queria que Deus fizesse por mim...". Pois saiba que Deus, com sua inspiração, já está fazendo muito por você.

Prática mental com a nossa ajuda

Como já viu, é muito fácil realizar a prática mental para ativar a ação inspirada. Você pode fazer sozinho tranquilamente. Porém, se quiser uma ajuda, nós, da Equipe Luz da Serra, temos um áudio gravado para guiar você nessa experiência. Para experimentar, basta apontar a câmera de seu celular para o QR Code a seguir. Boa prática!

PARTE 3
PRINCÍPIOS DO MILIONÁRIO ESPIRITUAL

O DIA EM QUE VOCÊ PREFERIR A DOR DA ZONA DE CONFORTO AO DESCONFORTO DA EXPANSÃO, VOCÊ SE TORNARÁ UM ZUMBI

@BRUNOJGIMENES

CAPÍTULO 7
ATIVE O SEU DOM MILIONÁRIO

Agora que você já conhece os três pilares do método Milionário Espiritual, precisa também aprender alguns princípios que vão ajudar a colocar tudo isso em prática e criar um ambiente que proporcione uma estrutura capaz de mudar a sua relação com a prosperidade. São dicas que não li em livros, nem aprendi em cursos, mas sim que precisei preparar e adaptar na minha vida. Eu ia fazendo e dava certo. No início, achei que fosse um pouco de sorte ou que era uma fase boa que eu estava vivendo. Mas fui melhorando tanto, sem parar, até perceber que não era algo normal que acontecia com todas as pessoas. Tratava-se, sim, da essência de um dom espiritual. Um dom milionário. E eu preciso compartilhar isso com você, porque essa é a minha missão.

Que dom milionário é esse? É o dom de ativar a sua matriz divina para você enriquecer e prosperar nos seus próprios termos. Perceba que não estou falando aqui: "Olha, abra uma loja, abra uma distribuidora de bebidas, invista em bitcoins, faça isso, faça aquilo". Não! Seja qual for o seu caminho, você vai chegar lá. Sem qualquer rótulo que faça você deixar de ser quem é. Essa é a maior dificuldade para desenvolver o seu dom milionário: você precisa ser quem você é, e não o que dá para ser ou a projeção do que os outros querem que você seja. Agir assim vai mudar a sua vida. Eu acho isso sensacional e espero que você esteja tão feliz quanto eu com a perspectiva de mudar a sua vida.

Os princípios do Milionário Espiritual foram inspirados justamente pelo próprio método de três pilares. Tendo isso em mente, vamos, então, aos princípios do Milionário Espiritual:

Princípio #1 – Honrar a criação

Para explicar esse princípio, eu preciso contar, bem resumidamente, uma parte difícil da minha história. Em 2006, eu já estava endividado e, para piorar, sofri um acidente. Fui para a lona financeira... Fiquei morando 90 dias de favor na casa dos meus sócios e, quando voltei para a minha casa alugada, a entreguei e fui morar num pequeno apartamento. Comecei a reduzir custos, vendi muitas coisas e fui me ajustando, mas, como fiquei três meses sem trabalhar, minhas dívidas estavam ainda maiores do que antes.

Um dia, dobrei meus joelhos no chão e me sentei sobre as plantas dos meus pés, naquela posição de lutador quando perde a luta. Olhei para a minha escrivaninha cheia de contas para pagar, sem saber de onde ia tirar dinheiro. Eu estava com muita raiva... Então, falei: "Deus, o que eu fiz? Não posso acreditar... Como é que pode? Eu não devo servir a você...". E ainda disse um bando de palavrões.

Naquela hora, num misto de ira e tristeza, comecei a chorar. Eu queria um colo... Da minha mãe, de qualquer pessoa! Sabe aquele cachorro sarnento perambulando pelo posto de gasolina? Era como eu estava me sentindo. A pior das pessoas. Quando minhas lágrimas pararam, eu dei dois socos no chão e disse: "Haja o que houver, aconteça o que acontecer, eu vou conseguir, nem que seja a última coisa que eu faça nessa vida". Foi nesse exato instante que eu honrei a criação, embora só fosse entender isso tempos depois.

Honrar a criação é uma forma de expressar a gratidão. Mas a verdadeira prosperidade só se dá quando você reverencia o que o criou, o que o gerou. Naquele dia, eu honrei a criação. Eu me ajoelhei diante do Senhor e falei: "Pai, eu quero ser seu emissário, quero ser seu instrumento, quero estar contigo nessa". Honrar a criação é o momento em que você decide servir a algo maior. É uma decisão de reverenciar – e eu não estou falando de fé cega, nem de religião. Existe uma força maior do que nós, impossível de entender. Quando você a reverencia, ativa uma força que não tem igual.

#2 Princípio #2 –
Cuidar das suas taxas de entrada e saída

Conta bancária não tem taxa de entrada e de saída? Dieta também não tem? "Meu Deus, eu estou comendo 7 mil calorias e queimando 2 mil! Vou engordar". Então, tudo o que entra e o que sai de sua vida possui um significado. São os inputs e os outputs. E você deve cuidar muito bem deles.

Uma boa taxa de entrada, por exemplo, pode ser cultura útil: amigos, natureza, oração, gratidão, respiração, meditação, leitura, diversão, relaxamento, descanso... É tudo o que precisa estar na sua composição de vida. Mas você precisa ficar atento se não tem cultura inútil no meio, como aquele amigo seca-pimenteira, que só joga você para baixo, ou uma diversão que seja fútil.

A sua taxa de saída vai ser resultante de tudo isso. Se a sua cultura é útil, você cresce; se você tem amigos e grupos certos, faz networking; se vai para a natureza, fica energizado e purificado; se ora, faz uma conexão com Deus. É matemática pura. O Milionário Espiritual está consciente de que deve ter hábitos que melhorem a vida dele.

#3 Princípio #3 - Ser um ímã de dinheiro

Todo mundo que tem o dom milionário já entendeu o poder de ser um ímã de dinheiro. E isso pode acontecer de maneiras bem interessantes. Vou dar alguns exemplos:

- Encare que toda conta é uma benção. Se você tiver uma pasta em casa escrito "contas a pagar", troque o nome para "bençãos a pagar". Simples, não é mesmo?

- Deixe notas de dinheiro pela casa. Você pode até dizer: "Ah, mas eu não consigo fazer isso, porque podem roubar". Tudo bem... Mas não tenha dúvida de que funciona.

- Seja um poderoso criador de mensagens motivadoras. Comece treinando essa arte enviando-as para seus amigos via texto, áudio e vídeo. Mas não é para ficar copiando o que vê nas redes sociais. É para ser original, mesmo que seja simples: "Oi, estou te mandando essa mensagem para desejar que Deus o abençoe" ou "Oi, passei por aqui só para dizer que vai dar tudo certo para você". Sabia que eu faço isso, religiosamente, todos os dias? Mando até para pessoas que há tempos não vejo. Torne esse exercício um hábito. Depois, quem sabe, você pode virar um escritor ou ter um canal na internet para distribuir as mensagens para ainda mais pessoas.

Seja viciado em caridade. Todo Milionário Espiritual tem esse vício. Todo o tempo, ele está com o radar ligado para ajudar. Como sabe que é um canal de Deus para expandir e melhorar o mundo, sempre vai achar um jeito de fazer o bem. Ele é consistente em suas contribuições. Pensa: "Já que eu sou uma pessoa consistentemente próspera, eu vou levar essa consistência para minha caridade". Seria o mesmo que dízimo? Chame como quiser. Eu prefiro dizer que é uma contribuição.

Você pode até falar: "Ah, mas eu não tenho nem pra mim". Estragou tudo! Quando você fala isso, está mandando uma mensagem errada para o Universo, que vai responder com: "Está bem, então vou lhe dar mais do mesmo". Vou dizer agora algo polêmico: faça caridade, nem que seja de forma egoísta. "Vou doar todo mês porque isso vai ajudar no meu fluxo de prosperidade." Se você acha isso feio, saiba que eu prefiro a pessoa que ajuda de forma egoísta do que o bonachão que é egoísta e não ajuda ninguém. Eu prefiro o vaidoso que fala para todo mundo que doou do que o humilde que não doa para ninguém. Inclusive, eu só acho errado a pessoa falar que doa quando ela faz isso para acariciar o seu ego. Mas acho ótimo quando ela comenta suas doações para cutucar os outros e inspirar as pessoas. Muitas estão precisando de casos reais para tomarem a decisão de fazer o mesmo.

Agora, não basta ajudar. Tem que ajudar certo. E isso o Milionário Espiritual sabe fazer. Dar esmola não é com ele, porque sente que, ao fazer isso, acaba deixando mal a pessoa que a recebe. Ele prefere ter ações mais consistentes de ajuda ao próximo. Assim, mostra à Fonte Divina que é como uma mangueira de bombeiro. Canaliza a prosperidade e faz o bem na vida das outras pessoas e na sua própria.

Crie um mantra para deixar na sua carteira. Pegue um pedacinho de papel do tamanho de um cartão de crédito e escreva, por exemplo: "Esta carteira possui o poder mágico de atrair muito dinheiro. Essa fonte é inesgotável". Você pode copiar essa frase ou inventar a sua, porque a ideia é ativar o seu poder. Daí, toda vez que você pegar dinheiro na sua carteira, vai ver o papelzinho lá. Leia o seu mantra sempre que possível.

Abençoe seus veículos. Pode ser carro, moto, bicicleta. Seja qual for, no primeiro dia que ele chegar à sua vida, esfregue as mãos, eleve-as aos céus e diga: "Gratidão por esse instrumento de prosperidade". Em seguida, passe as mãos em todos os lados do veículo, como se mandasse energia para ele, sempre agradecendo pelo seu instrumento de prosperidade. Você pode repetir essa técnica quando quiser. Gratidão nunca é demais.

Abençoe as vendas. Se você é do tipo que, ao ver um vendedor se aproximar, logo fala "Ah, não quero nada não" e acha uma chatice a atitude dele de querer vender, procure rever esse conceito. Para ser um ímã do dinheiro, você precisa abençoar a venda do outro. Todo mundo que vende algo está girando a economia. Quando alguém compra, o dinheiro gira: quem vendeu usa o dinheiro para pagar o dentista, o dentista vai ao restaurante e paga o almoço, o dono do restaurante compra um carro novo. Então, não amaldiçoe o processo de venda, não o veja com raiva. Compreenda a causa.

Dê gorjetas. E não pense nas seguintes desculpas: "Ah, mas eu já paguei os 10%" ou "Ah, mas esse entregador de pizza já está ganhando do restaurante". Se a pessoa mereceu, dê sim. Só não ofereça uma gorjeta quando ela não merece. No dia em que não tiver dinheiro, pelo menos fale: "Olha, eu queria lhe dizer que fui muito bem atendido. Gratidão". Pronto! Esse é um ótimo ímã para quem deseja prosperar.

Estude uma nova profissão com a qual tenha afinidade. Mesmo que, a princípio, não vá usar o que aprendeu. Fique atento. Aprenda. Não porque você vai trabalhar com isso, mas porque tem muito potencial. No futuro, pode até ser que vire um de seus ofícios.

- Faça dinheiro novo. O que é dinheiro novo? É você se estimular e dizer: "Este ano, vou fazer tantos mil reais vindos de um lugar onde eu nunca atuei". Essa é uma ótima maneira de ser feliz e prosperar. Mas aí você se questiona: "Tá, mas como eu posso fazer um dinheiro novo?". Boa pergunta. E a resposta é melhor ainda: é só você usar os três pilares do Milionário Espiritual. A ação inspirada vai mostrar o caminho para você.

- Seja um vendedor espiritual. Isso significa nunca vender o que você não acredita; ter foco na alegria do seu cliente; abençoar quem compra; e jamais vender algo que vai prejudicar o outro. Assim, você se torna um representante da meta do seu cliente. O vendedor espiritual também se mostra disposto a ganhar menos na primeira venda, porque fica atento ao pós-venda – ele vende e não vai embora. Enfim, ele se importa com as pessoas, com o resultado que elas vão ter.

- Abençoe a riqueza alheia. Ao passar na frente de uma casa que achou linda, diga: "Que Deus abençoe". Se um amigo comprou algo maravilhoso, fale: "Que Deus abençoe". Repita sempre: "Que Deus o abençoe, que a luz o abençoe, eu abençoo você, eu desejo o melhor para você...". Mesmo que, no início, pareça da boca para fora. Com o tempo, vai perceber a importância disso para se tornar um ímã do dinheiro.

Comemore a prosperidade dos outros: "Que legal! Você comprou um carro novo, um celular novo, óculos novos". Para o seu inconsciente, não existe ficção. Quando você comemora, simplesmente fala para o seu cérebro que está feliz com aquilo. Assim, o seu inconsciente vibra como se fosse seu. Ao fazer isso, ele traz mais do mesmo para você. Pela Lei da Atração, comemorar o sucesso do outro é como comemorar o seu próprio sucesso.

Celebre a sua própria prosperidade. Ora, como acabei de mostrar na dica anterior, o Milionário Espiritual celebra a prosperidade do outro. Só que ele celebra a dele também. Foi assim que eu inventei a frase "Brilha prosperidade!". Se eu vejo uma caneta bonita, digo: "Brilha prosperidade!". Se alguém me chama para almoçar e diz que vai pagar a conta: "Brilha prosperidade!". Até mesmo quando alguém me oferece uma balinha: "Brilha prosperidade!". Mas por quê? Para celebrar! É uma forma de você dizer ao Universo: "Pode mandar mais porque eu estou feliz e grato". Essa expressão de gratidão faz com que uma conquista puxe outra.

Busque fazer amizade com pessoas prósperas. Para isso, "compre" amigos – comprar entre aspas mesmo. O que quero dizer é: presenteie os amigos, mande mensagens, lembre deles. "Comprar" amigos é honrá-los. Por exemplo, você conhece uma pessoa e percebe que ali nasceu uma amizade em potencial. Mas, depois, vocês pouco se veem. Daí, um dia, você vai a um local onde está tendo uma exposição de carros antigos, tira uma foto e manda para ela, dizendo: "Olha, lembrei de você, já que disse que gosta de carros dos anos 70". Ao fazer isso, fortalece o vínculo. No Natal, no Ano Novo, no aniversário, mande um presente ou uma mensagem. Um dia, convide para almoçar e pague a conta. Isso é investir em amizade. Porém, tome cuidado para não fazer amigos prósperos que, na verdade, são verdadeiros urubus, sempre ligados à carniça. Tenha faro para reconhecer as pessoas que são negativas, arrogantes e vaidosas. Evitá-las não é uma demonstração de antipatia, e sim uma medida de autocuidado. Preste atenção: a dinâmica da felicidade humana é ajudar o próximo; já a dinâmica da infelicidade humana é ajudar o próximo errado.

Eu já mencionei isso no início deste livro, mas vou repetir: rejeite a estabilidade. Mas aí você pode dizer: "Ah, mas eu quero estabilidade no casamento". Não deseje isso, senão o casamento vai acabar. Você tem que querer ser feliz numa união em que haja um crescimento dinâmico, contínuo e alinhado. Caso contrário, uma hora você vai virar para o seu parceiro e despejar: "Nosso casamento perdeu a graça, não te amo mais". Então, rejeite a estabilidade porque tudo é progressivo, inclusive na sua prosperidade. Sucesso é a conquista progressiva de um ideal de valor. Certamente, você sabe que também existe a necessidade de descanso para performar bem, de parar em alguns momentos. Mas a estabilidade nos negócios não é o melhor caminho, e sim buscar o crescimento gradual e constante.

Seja autoral, autêntico. Isso significa não copiar ninguém. Hoje, é muito comum as pessoas copiarem quem está fazendo sucesso nas redes sociais. Mas o Milionário Espiritual, que é um verdadeiro ímã para o dinheiro, explora aquilo que está no DNA dele. Assim, ache dentro de você as suas práticas de inovação, melhoria, disrupção. Quando se concentra em copiar, está anulando o seu poder de criar do seu jeito. Talvez o que você faça tenha até alguma semelhança com o que alguém já vem fazendo, mas é o seu DNA. E um vendedor que acredita no que faz vende muito mais. Confie em você.

Seja produtivo só no que importa. O que isso significa? A vida é pesada, por isso, é impossível ter disciplina em tudo. O cérebro também não consegue ativar vários hábitos ao mesmo tempo. Quando você vai mudando hábitos, tem que modificar um por vez. Ao ver que deu certo, passe para o próximo. Então, ser produtivo no que importa é organizar bem o seu tempo. Hoje, existe essa loucura pela busca de resultados, mas a maior produtividade que existe é você estar no fluxo do amor. Você já ouviu falar no princípio de Pareto, que traz a regra 80/20? Vilfredo Pareto foi um sociólogo e economista italiano, e seu princípio diz que 20% das coisas que realizamos geram 80% de resultado. Imagine uma lista com dez tarefas que podem ajudar você a fazer mais dinheiro. No topo dessa lista é que estão as duas coisas que vão dar 80% dos resultados, enquanto as outras oito só darão 20%. Isso significa, justamente, que você deve maximizar essas duas primeiras tarefas, ou seja, ser produtivo no que mais importa.

Sinta-se aprovado. Hoje, no mundo, vemos muitas pessoas se sentindo rejeitadas – pelos pais, pelo parceiro, pelos amigos, pela sociedade. Por exemplo, imagine que você é um palestrante e, enquanto está no palco, percebe que alguém na plateia começou a olhar para os lados. Logo pensa: "Ai, o público não está gostando de mim". Esse sentimento de rejeição pode acompanhar você em todos os lugares que for. Isso é um sinal de que, primeiramente, a rejeição não está nos outros, e sim em você. Mas, se você quer ser um ímã do dinheiro, tem que entender que Deus o aprovou, que o ama e aceita. O problema é que você prefere prestar atenção no que pessoas comuns do dia a dia acham de você, e não no que a Força Divina acha. No dia em que absorver esse conhecimento, nunca mais vai sofrer com a rejeição. E lembre-se: a sua autoimagem é moldável. Não permita que os outros a moldem para você.

Use o fator hortelã. Afinal, você veio ao mundo para ser o que dá para ser ou para ser tudo o que nasceu para ser? Quando se planta hortelã num jardim, ela se alastra e vai tomando conta de tudo. Ninguém fala para ela o tamanho que pode alcançar, nem a limita a um vaso. O ser humano ainda não está pronto para ficar sem vaso, que representa o seu conjunto de pensamentos, atitudes, princípios e paradigmas. Mas conseguimos ir quebrando o vaso assim que entendermos que podemos ser tudo o que nascemos para ser. Por isso, busque sempre o fator hortelã. Pergunte-se todos os dias, olhando no espelho: "Eu sou o que nasci para ser ou o que dá para ser?". Espere a resposta. Se o seu íntimo lhe falar "Não, estou sendo o que dá para ser", está mais do que na hora de você aplicar o método deste livro para mudar a sua vida.

Outro detalhe: você não precisa ser, imediatamente, uma hortelã grande, mas deve ter a certeza de que está devidamente plantada. É importante entender que está passando por um processo, no qual precisa ser positivo. Jamais se esqueça: a perspectiva positiva é a semente da prosperidade! Se você está fazendo a coisa certa, é porque já tem a mente de milionário. Basta esperar porque logo, logo vai ter, também, a conta milionária.

[Gostou das dicas? Então, para você ser um Milionário Espiritual, tem que se tornar esse ímã do dinheiro. Para isso, comece a focar em cada atitude que ensinei, aplicando em sua vida todas elas – ou o máximo que conseguir. No próximo capítulo, vou trazer ainda mais princípios importantes para você ampliar o seu dom milionário.]

A DINÂMICA DA FELICIDADE HUMANA É AJUDAR O PRÓXIMO; A DINÂMICA DA INFELICIDADE É AJUDAR ERRADO.

@BRUNOJGIMENES

CAPÍTULO 8

CRIE UMA VERDADEIRA FORTUNA SENDO GUIADO PELOS PROPÓSITOS DE DEUS

Os princípios do milionário espiritual são diretrizes para a vida, para você usar, ensinar aos demais e propagar ao longo de toda a sua jornada. Mas, primeiro, lembre-se de alguns desafios para desenvolver o dom milionário:

- Inicialmente, você tem que entender em que situação está. Se estiver muito mal, seu primeiro trabalho será se concentrar em se desidentificar e desimpregnar da sua vida e da sua família, mas sempre honrando a criação e as experiências. Precisa colocar na sua mente que é capaz de mudar e melhorar.

- Em segundo lugar, se você já começou a acreditar que pode, precisa agora criar a sua outra imagem. E, embora eu já tenha falado um pouco sobre isso no capítulo 2, vou esmiuçar ainda mais agora, porque isso é muito importante.

O terceiro desafio é inverter a desproporcionalidade de muito esforço para pouco resultado. Isso você faz, principalmente, quando ativa os três pilares do Milionário Espiritual, que vão lhe proporcionar o dom espiritual. O que é esse dom? É contar com a ajuda da Fonte Divina para prosperar. Quando você passar a usar regularmente os três pilares, mesmo sem parar para fazer a prática mental, vai começar a ter ação inspirada para tudo em sua vida.

[
**FOCADO EM TUDO ISSO? QUE BOM!
RECORDAR ESSAS LIÇÕES FOI IMPORTANTE
PORQUE ELAS TÊM TUDO A VER COM OS
PRINCÍPIOS QUE PASSAREI NESTE CAPÍTULO.
VAMOS LÁ!**
]

Princípio do trabalho

Você consegue enxergar valor no seu trabalho? Não estou me referindo a quanto você ganha. O fato é que muitas pessoas, hoje, trabalham focadas unicamente no dinheiro. Só que, se você fizer isso, não vai ser feliz. Eu até compreendo que precisa pagar as suas contas, mas, para atrair o dom milionário, é essencial exercitar os seguintes princípios relacionados ao trabalho:

Onde você trabalha tem mentores? Mentor é alguém que já conquistou o que você quer e sabe o caminho. Ele pode ser muito bom numa área e ruim em outra, mas você quer aprender com ele aquilo em que ele é bom. Um colega de trabalho pode ser o seu mentor. Um diretor, um gerente, o dono da empresa. Busque essas pessoas, com as quais você vai dizer: "Nossa, como eu aprendi com Fulano". Essa é uma forma oculta de ganhar dinheiro.

Está alinhado com os propósitos de onde trabalha? Você precisa analisar isso, porque uma forma de fazer o dinheiro que recebe valer mais – ou seja, ser positivo – é se identificar com o propósito da empresa. Já o dinheiro negativo é quando você sente que trabalha para idiotas, para uma causa errada. Esse valor não entra bem na sua vida.

Networking é melhor do que dinheiro. Sim, porque isso acontece nas relações que você faz e que alavancam a sua vida. Networking não é ser um gafanhoto que quer comer toda a lavoura. É você se interessar pelas pessoas, aprender com elas e se doar para elas. É uma troca, porque você também tem muito para dar. E não pense em se relacionar apenas com gente top. Mostre-se sempre interessado e receptivo com todos os colegas de trabalho, inclusive os mais humildes. Networking é gerar uma conversa boa, seja com quem for, e sempre tirar dali um aprendizado.

Outro valor do trabalho é a experiência. Quais experiências de vida o local em que você trabalha lhe proporciona? Por exemplo, talvez você tenha andado pela primeira vez de avião por causa da empresa em que atua. Ou, então, fez um curso pago pelo seu chefe, no qual conheceu uma celebridade. Pense no quanto de experiência em seu trabalho pode enriquecer a sua vida.

Percebeu a diferença entre aproveitar tudo isso e apenas trabalhar pensando no quanto vai ganhar no final do mês? Quando você ativa os princípios do Milionário Espiritual, encontra valor no seu trabalho muito além do dinheiro. Isso é fundamental, principalmente, para quem ainda recebe uma remuneração baixa. Ao reconhecer esses princípios, desenvolve o seu dom milionário, porque sabe que vai sair daquela experiência profissional levando outros valores, os quais, no futuro, podem fazer com que passe a ganhar 30 vezes mais, se torne sócio de alguém ou até mesmo o dono de uma empresa. Um circuito infindável de bênçãos se abre.

Princípio da autoimagem

Dois dos maiores problemas de quem quer prosperar e enriquecer são: não acreditar que pode e travar num determinado nível. Você se identificou? Em outras palavras, é quando faz muito esforço e obtém pouco resultado, e acaba cansando. Nesse caso, do que você precisa? Nada mais, nada menos, do que desimpregnar e desidentificar da vida que tem, do bairro em que mora, da cidade de onde veio e até mesmo dos familiares. E isso não é desonrar. Porque você precisa saber se é o que quer ser ou se está sendo o que os outros querem. Somente a partir daí conseguirá construir a sua autoimagem.

Essa é uma reflexão que, às vezes, demora tempo. Mas, com a prática dos três pilares, você vai clarear sua vida. Afinal, a ação inspirada vai lhe apontar o caminho. A partir do momento em que entender qual é a sua autoimagem, o seu esforço se torna invertido, porque você vai agir de maneira condizente com quem verdadeiramente é. Só que, nesse caminho, precisa ficar atento para não cair no princípio da ideoplastia áurica – ideoplastia é a ação que o pensamento exerce sobre a matéria, no caso, a aura. Isso acontece quando você sugestiona a si próprio: "Eu acredito que sou isso". Só que não é bem assim.

Para explicar melhor, vou dar o meu próprio exemplo. Por muitos anos, eu achei que era uma pessoa metida e arrogante, e nada humilde. Só que, quando comecei a trabalhar e interagir com os colegas, vários me disseram: "Você é um cara humilde. Quando dá bronca, faz com amor. Quando fica sério, é com justiça". Enquanto isso, sempre tive uma imagem de mim mesmo como a pessoa mais insuportável do mundo. De onde ela veio? Ora, em algum momento comecei a acreditar nisso, talvez na época da escola.

E você, qual é a sua imagem e semelhança com o Criador? Talvez ainda não tenha se dado conta, mas, se está lendo este livro, sabe o que quer. Então, pode criar uma autoimagem de riqueza. Para isso, vou propor um exercício. Imagine que você foi convidado para dar uma palestra no Fórum Mundial de Pessoas de Sucesso. Escreva para os organizadores como deseja ser apresentado. Veja alguns exemplos:

"Agora, vamos chamar ao palco (diga o seu nome completo), que sempre esteve associado às causas sociais de maior impacto no planeta. Ajudou a recolher mais de 3 bilhões de animais das ruas, gerou empregos para 30 milhões de pessoas e acumulou uma fortuna pessoal de 30 bilhões. Tem 18 empresas, três filhos e oito netos."

"Eu, (diga o seu nome completo), estou associado às pessoas que mais conquistaram reconhecimento no ramo imobiliário. Meu nome é frequentemente citado como uma referência em construir casas e ganhar dinheiro."

"Eu, (diga o seu nome completo), facilmente produzo riqueza. Todos os meses, lucro mais do que preciso. Minhas fontes de renda estão crescendo e prosperando. Sinto-me cada vez mais realizado em contribuir com causas sociais. E ainda me orgulho de sempre cuidar da minha saúde, estando a cada dia com mais vitalidade. Meus amigos me elogiam, dizendo que sou carismático, feliz e caridoso. Frequentemente, tenho a liberdade de viajar de férias com a minha família pelo mundo."

E então, qual é o seu sonho? Coloque no papel tudo aquilo que ambiciona para si próprio. Pense na autoimagem que deseja e crie esse documento que você entregaria para ser apresentado neste grande evento. Escreva algo que encha o seu coração:

....

....

....

....

TODOS OS DIAS, LEIA ESSA APRESENTAÇÃO. SIM, TODOS OS DIAS!

Mas atenção: a autoimagem pode mudar. Sabe por quê? Porque, quando a inspiração bater, quando você começar a usar a ação inspirada, há grandes chances de começar a se modificar. Basta ir lá no seu documento da autoimagem, rabiscá-lo ou fazer outro. E está tudo bem! A grande questão da construção da sua autoimagem é que, aos poucos, você vai reconhecendo o que quer ser. Assim, troca uma autoimagem imposta por uma autoimagem escolhida. Talvez, pela primeira vez em sua vida.

Princípio dos cinco ciclos (5 C's)

Vou apresentar agora os princípios da riqueza essenciais para colocar a sua missão trabalhando a seu favor. Eu os chamo, também, de "segredo dos cinco ciclos", e você precisa cuidar muito bem de cada um deles. Vamos lá:

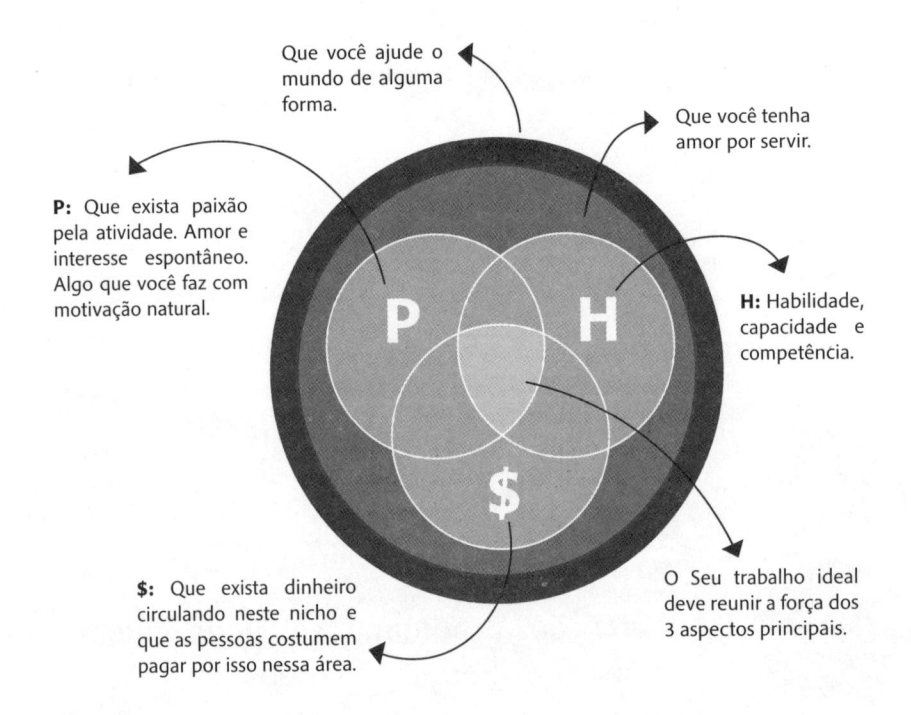

Que você ajude o mundo de alguma forma.

Que você tenha amor por servir.

P: Que exista paixão pela atividade. Amor e interesse espontâneo. Algo que você faz com motivação natural.

H: Habilidade, capacidade e competência.

$: Que exista dinheiro circulando neste nicho e que as pessoas costumem pagar por isso nessa área.

O Seu trabalho ideal deve reunir a força dos 3 aspectos principais.

1º Ciclo: Paixão

O que é paixão? É quando você faz algo que ama e nem percebe o tempo passar. São atividades que faria mesmo de graça, se fosse preciso.

2º Ciclo: Habilidade

É saber fazer algo, dominar um assunto. Por exemplo, eu posso ter paixão por futebol, mas eu não tenho habilidade para ser jogador. Por outro lado, eu não tinha habilidade para falar em público, mas tinha paixão por levar uma mensagem. Então, fui buscar desenvolver essa habilidade em treinamentos. Você pode ter paixão por viajar, mas não sabe falar línguas. Mas pode contratar um intérprete ou entrar em um curso de idiomas. Desenvolver a habilidade é algo treinável.

3º Ciclo: Dinheiro

Esse ciclo tem a ver com nicho: as pessoas pagam por aquilo que você escolheu trabalhar. Por isso, não repudie o dinheiro, nem fale mal de quem pensa nele.

Antes de entrar nos próximos dois ciclos, quero abrir um parêntese. Vamos pensar nos três primeiros ciclos: paixão, habilidade e dinheiro. Imagine alguém que ame usar drogas. Ele é um viciado e, ainda por cima, tem uma habilidade: sabe vender. Daí, decide começar a vender drogas. E isso dá dinheiro? Muito. Então, ser traficante faria parte dos três ciclos? Claro que não. Eu aprendi com um coaching americano que basta juntar esses três ingredientes para se conquistar um trabalho que combine com a nossa missão. Balela. Como sou muito questionador, pensei: "Ué, seguindo apenas a paixão, a habilidade e o dinheiro, eu posso ser traficante, político corrupto, bandido.". Percebi que faltava algo nisso. E assim criei mais dois ciclos:

4º Ciclo: Ajuda ao mundo

Você acha que o bandido ajuda o mundo? Que o traficante de drogas ajuda o mundo? Não. Pelo contrário, eles destroem as pessoas e as famílias. Para você ser um Milionário Espiritual, precisa levar em conta esse importante ciclo. Lembre-se: você é um canal de Deus para expandir e melhorar o mundo.

5º Ciclo: Amor por servir

Essa é uma das atitudes que mais me energiza. Eu amo servir às pessoas dando aulas, fazendo palestras e escrevendo livros. Quando estou servindo uma causa, a humanidade, o outro, me sinto muito bem. E essa também é uma forma espiritual de enriquecer.

MILIONÁRIO ESPIRITUAL

Sabendo de tudo isso, sempre que você entrar num trabalho e combinar esses cinco itens, vai ser próspero e feliz. Para completar, ainda vai ter muita energia. Tem gente que se sente feliz, ganha dinheiro, mas não consegue sustentar a energia quando precisa trabalhar numa sexta-feira à noite. Mas, se tiver amor por servir, vai trabalhar sim. É esse sentimento que faz você agir mesmo quando está muito cansado ou diante de tempos difíceis.

Se você seguir os cinco ciclos, fará a sua missão trabalhar por você e fluirá na vibração do Milionário Espiritual. Esse é um princípio muito poderoso que, com certeza, vai dar uma virada na sua cabeça e na sua vida.

Princípios para aumentar o seu valor

Quando você tem atitudes para aumentar o seu valor, em seguida começa a conquistar. Ou seja, fica caro primeiro (repleto de valor), para ficar rico depois. Mas como conseguir isso? Vou dar algumas dicas:

- Seja único e diferenciado. Se todo mundo faz o que você oferece, não adianta nada. Você precisa se esforçar para ser o melhor do mundo no que faz. É uma competição consigo mesmo.

- Seja insubstituível. É isso mesmo: se tirarem você, não tem quem colocar no lugar. Agora eu pergunto: você é substituível? Se for, quer dizer que é mais barato.

- Resolva problemas. Como estou falando sobre aumentar seu valor, pense: ou você resolve mais problemas baratos ou você resolve menos problemas caros. Vamos supor que você seja um advogado que trabalha com indústrias de grande porte e resolve um ou dois problemas por ano. Só que são problemas caros... Ou então é um advogado de casos menores, que resolve problemas mais baratos, só que você resolve muitos. Dentro desse raciocínio, quanto mais caro o problema que você consegue resolver, melhor.

Vou dar mais alguns exemplos unindo essas três dicas. Por que um servente de pedreiro ganha pouco? Porque tem aos montes no mercado. Mas o que acontece quando o servente de pedreiro começa a subir? Ele passa a ficar mais caro, porque se torna diferenciado e resolve problemas como ninguém. Por que tem alguns lugares em que a diária de faxineira é muito cara? Porque tem poucas capazes de resolver o problema como ela. Por que tem lugares em que o aluguel é muito caro? Porque tem pouca oferta ou porque a vista para o mar é um diferencial. Simples assim. Então, guarde em sua mente: quanto mais você resolver um problema raro e caro, mais valor você terá. E vamos seguir com mais exemplos para você aumentar o seu valor:

- Maximize resultados para aumentar o seu valor. O que seria isso? Eu lembro de minha mãe falando: "Ai, eu estou com uma dor no pescoço". Meu pai então dizia: "Vai em tal lugar ver isso.". Mas ela rebatia: "Não! Vou no outro!". E meu pai: "Ah, mas é três vezes mais caro". E o assunto terminava quando minha mãe falava: "Só que lá resolve!". Então, maximizar é saber resolver as coisas, é melhorar o atendimento, é otimizar. Outro exemplo: você quer ficar musculoso e, para isso, frequenta a academia e toma um suplemento. Alguém lhe fala que conhece um suplemento muito melhor, só que é mais caro. Você nega e diz que está satisfeito com o seu. Até que, um dia, vê uma pessoa supermusculosa que usa o tal produto que custa mais. Daí você diz: "Pelo amor de Deus, eu quero esse também!". Ou seja, tudo o que maximiza o resultado também ajuda a aumentar o seu valor, entendeu?

Gerar conveniência é outra forma de elevar o seu valor. O que é conveniência? É ativar a preguiça no outro: "Pode ter preguiça porque eu faço para você, é só me pagar". Assim, tudo aquilo que eu facilito para o outro e gero conveniência torna-se mais caro. Por exemplo, outro dia eu fui a um resort e, no restaurante, quem tivesse a fitinha rosa no braço recebia um tipo de atendimento. Se, além da rosa, tivesse a verde, o atendimento era melhor ainda. Se alguém espirrasse, o garçom chegava com um lenço de papel. O nome disso é conveniência, pela qual você paga a mais. Os hotéis entendem isso muito bem.

Crie uma comunidade: é o que um político faz antes de ganhar a eleição; é o que o influenciador digital faz nas redes sociais para que determinado grupo compre tudo o que ele divulga. Na economia atual, é como se fosse um ecossistema que vale ouro. Eu conheço pessoas que começaram a liderar uma causa e acabaram prosperando com aquilo. Então, se você quiser aumentar o seu valor, crie uma comunidade.

Saiba a diferença entre ativo e passivo. No mundo contábil, ativo é todo o dinheiro que entra, e passivo é o que sai. Fazendo uma analogia, imagine que dois irmãos ganharam R$ 10 mil, cada um. Um comprou um celular. O outro usou o dinheiro para aprender inglês num intercâmbio no Canadá. Comprar o celular foi um ativo ou um passivo? Passivo. E fazer o intercâmbio? Ativo. Porque foi um investimento para aumentar o valor dele.

Agora, nas situações a seguir, acompanhe o meu raciocínio para diferenciar o que é passivo e o que é ativo:

"Ah, vou dar uma paradinha para descansar."

É ativo. É um descanso produtivo, porque a pessoa se propõe a descansar um pouco para, quando voltar, render três vezes mais.

"Vou ficar horas e horas na frente do celular em vez de estudar."

É passivo.

"Vou gastar R$ 50 naquele livro."

É ativo.

"Vou gastar R$ 50 no bar."

É passivo.

> "Vou naquele bar pagar o almoço para aquela pessoa com quem estou querendo fazer uma amizade para criar uma conexão."
> **É ativo.**

> "Ah, eu vou viajar porque é meu sonho".
> **É passivo.**

> "Eu vou viajar para abrir a minha mente e buscar inspirações para o meu trabalho".
> **É ativo.**

Fazer essa consideração nas escolhas de sua vida é um tremendo diferencial. Aplique sempre esse exercício para perceber quando está trazendo valor para o seu dia a dia (ativo) ou quando está apenas perdendo tempo (passivo).

Princípio do crescimento exponencial

Esse é um dos princípios mais sérios, o qual considero o segredo dos ricos. E aqui vou falar de um ativo exponencial, que não acontece rápido, mas é para a vida, porque depende da maturidade. Para você entender melhor, vou contar como enriqueci.

Depois de ter me formado em Química e trabalhado em indústria, onde era bem-remunerado, senti um chamado: ser terapeuta. Eu queria muito ajudar outras pessoas.

Larguei minha segurança financeira e comecei a atender, cobrando um determinado valor pela consulta. Com o tempo, passei a ver que meus clientes queriam e precisavam levar alguma coisa para casa. Como eu estava estudando Fitoenergética, criei uma linha de produtos e ofereci às pessoas que se consultavam comigo. Além dos sprays, produzi xampus, sabonetes, filtros de ambiente, entre outros produtos.

Depois disso, fui percebendo que, na terapia, as pessoas despertavam para o autoconhecimento. Elas queriam saber mais. Assim, iniciei minha trajetória nos cursos que passei a dar nos fins de semana. Como um caminho natural, notei que meus alunos queriam imortalizar aquele conhecimento. Embora participassem das aulas, desejavam estudar no tempo delas. Foi por conta disso que comecei a escrever livros. E lá se vão mais de 25 títulos publicados.

Muita gente depois veio procurar a mim e a Patrícia, dizendo que gostavam do que fazíamos e que também queriam criar produtos, dar cursos e escrever livros. Isso gerou uma empresa, a Luz da Serra, que passou a dar consultoria e formações variadas, além de vender produtos. Até hoje, criamos mais de 30 cursos. Para lançar nossos livros, eu e a Pat abrimos uma editora, que mais tarde se ampliou com os lançamentos de outros autores.

Então, tudo nasce de uma paixão. Quando você encontrar a sua, começará a fazer atividades derivadas e expandir, num crescimento exponencial conforme o gráfico que apresentei no capítulo 1. Você pode até remar um pouquinho no início, já que estará passando por um período de intensidade de esforços e de mudança de paradigmas. Só que chegará um momento em que seus negócios vão começar a germinar, e assim o crescimento será rápido. Esse é o segredo dos milionários: investir nesse ativo exponencial.

Princípio do multipoder

A melhor forma de vivenciar esse princípio da riqueza é, mais uma vez, ativar o ativo exponencial. Qual seria a função de uma árvore? Você pode responder: "Dar sombra". Mentira. Ela dá sombra, mas também serve de suporte para ninho de passarinho, suas folhas colaboram na troca de oxigênio, sua madeira é usada para fazer móveis e ela pode dar flores e frutos. Como se vê, uma árvore é multipotencial. Agora, lhe pergunto: por que você ainda não é multipoder? Você só vai enriquecer se tiver mais do que duas fontes financeiras.

Assim, não se apegue a uma só profissão ou posição. Paralelamente, você pode ir aprendendo coisas novas. Pense: "Nossa, eu sou professor num curso de francês, mas também toquei piano a vida inteira e posso dar aulas. Também consigo ser professor numa faculdade e até mesmo montar uma empresa que oferece aulas particulares". Assuma que pode – e deve – ter múltiplos poderes. Mas atenção: eles precisam estar alinhados com quem você é, respeitando o seu ativo exponencial, que, como eu mostrei antes, tem que estar ligado à sua paixão.

QUEM NÃO SABE QUEM É,
NÃO SABE O JOGO QUE
PRECISA JOGAR.

@BRUNOJGIMENES

CAPÍTULO 9
AS LEIS MAGNÉTICAS (POUCO CONHECIDAS) PARA ATRAIR DINHEIRO

Até aqui, você já adquiriu todas as ferramentas que pode usar para se tornar um Milionário Espiritual. Mas, para realizar uma mudança bem profunda, eu vou passar para você mais um conhecimento que ajudará bastante a alavancar sua prosperidade: as leis magnéticas para atrair dinheiro. Elas são, na verdade, leis naturais, que formam a base do conhecimento universal, mas pouca gente as conhece e aplica. Colocá-las em prática é mais uma forma de se transformar num ímã de dinheiro.

Sabe aquelas pessoas que estão no lugar certo, na hora certa? Que chegam e a oportunidade acontece? Ou aquelas que parecem que nasceram viradas para a lua no sentido da prosperidade? E as com faro para dinheiro, que naturalmente vão prosperando? Com certeza, elas aplicam as leis magnéticas que vou ensinar! O mais incrível é que elas são muito mais simples do que você imagina. Porém, quando eu era um profissional liberal, que mal conseguia cobrar o justo como terapeuta, eu não sabia nada disso. Mas já faz muito tempo que respeito essas leis e o resultado você já sabe, não é mesmo?

Quando começar a entendê-las, vai sair daquele nível de "falaram para mim" e entrar na fase do "eu sei". Além disso, você para de achar que só vai enriquecer se investir na Bolsa, se for dono de uma empresa ou se fizer promessa numa igreja. Assim, para aprimorar ainda mais o seu dom milionário, destrave a sua prosperidade usando na sua vida os princípios das seguintes leis.

LEI #1 — Dinheiro não suporta idiotas.

A maior parte do tempo da sua existência, você usa para trabalhar e receber dinheiro por isso. Então, quando trata mal o dinheiro, é como se pegasse um recurso natural, como água, madeira ou terra, e o desprezasse. Afinal, como já falei, o dinheiro é o fluido vital da Terceira Dimensão. Pessoas idiotas ou infantis com o dinheiro vão contra essa lei. E acredite: eu já fui essa pessoa. Vivia falando: "Ah, dá-se um jeito. Passa um borrachudo aí. Não me importo com dinheiro". Para quem não sabe, borrachudo é um termo da época em que se usava talão de cheques para fazer pagamentos, e significava emitir um cheque sem fundos.

Eu tinha uma relação hostil e desequilibrada com o dinheiro. É como se ele não existisse ou não fosse importante. O fato é: o dinheiro não suporta comportamentos irresponsáveis – idiotas! – com ele. Entenda que está tudo certo você falar: "Eu amo o dinheiro". O problema não é amar, mas se disser que é fascinado por dinheiro ou ganancioso, aí a situação complica. Amar nunca é ruim, porque quem ama conhece o equilíbrio. E, portanto, não é um idiota.

LEI #2 — Dinheiro não liga se você é boa pessoa.

Muito menos se você é um salafrário ou se não presta. Já reparou nisso? Não há relação entre ser bom ou mau e fazer dinheiro. O quanto se ganha vem a partir de trocas, pelos mais variados motivos. Então, não venha reclamar, dizendo: "Ah, eu sou tão bonzinho... Por que vivo duro?". Entenda que o dinheiro não está nem aí para isso.

LEI #3 — Dinheiro não se multiplica sozinho.

O ser humano tem a ideia de que, assim que ele passa a ter dinheiro, não precisa fazer mais nada. Fica achando que a quantia que juntou trabalhará para ele. Negativo! O fato de você fazer dinheiro e deixá-lo parado trará o seguinte resultado: uma hora, ele acaba.

LEI #4 — Dinheiro tem quatro forças: ganhar, gastar, poupar e investir.

No Brasil, quando recebemos a remuneração por um trabalho, falamos "ganhar". Eu acho isso errado, porque parece que vai vir de presente de alguém. Prefiro como os americanos dizem: make money. Fazer dinheiro é mais compatível, porque sabemos que depende de nós conquistar o valor. Já gastar é o que faz a roda da economia girar. Só que a maioria das pessoas pensam que não podem gastar.

Olha, tem que gastar sim! O que não pode é gastar mais do que você recebe. No início do ano, por exemplo, eu fiz um exame de consciência e vi que estava muito focado em apenas guardar. Estava errado e por isso gastei; depois ganhei de novo. E assim vêm as últimas duas forças: poupar e investir. Elas são importantes porque precisamos, sim, economizar e colocar o dinheiro em aplicações financeiras. O problema, porém, é você só pensar em fazer isso e não colocar o seu dinheiro para circular.

Para explicar melhor, vou fazer uma analogia: as forças financeiras são como uma mira. Elas precisam estar equilibradas para que você acerte o alvo bem no meio :

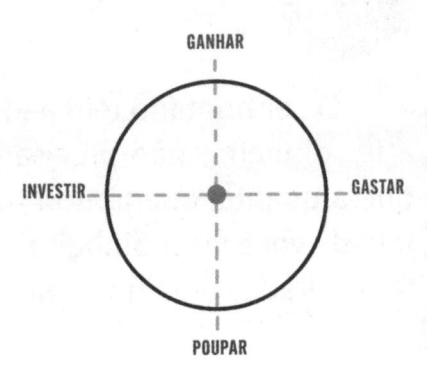

MILIONÁRIO ESPIRITUAL

Se você estiver desequilibrado, pensando só em gastar, a sua mira vai sair do centro e vai ser puxada para o lado:

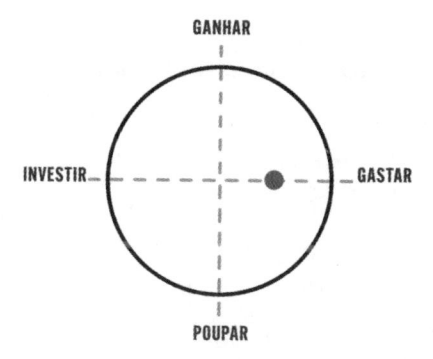

```
        GANHAR
          |
INVESTIR__|____●__ GASTAR
          |
        POUPAR
```

Agora, vamos supor que você esteja fazendo cursos na internet sobre investimentos e ande fissurado em ganhar, ganhar, ganhar... para investir, investir, investir! Nesse caso, a sua mira se distorce mais ainda:

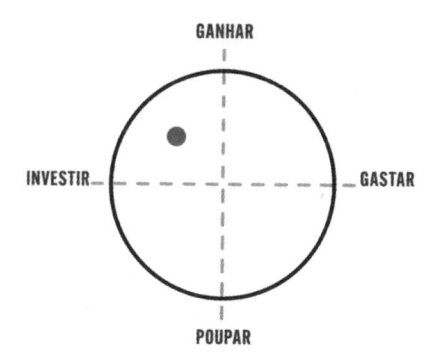

```
        GANHAR
          |
      ●   |
INVESTIR__|_____ GASTAR
          |
        POUPAR
```

Entenda que não há nada de errado em investir. Mas focar seus ganhos só nisso é a maior besteira. Como você já aprendeu no método Milionário Espiritual, o maior investimento que você deve fazer é em você! Então, para viver em harmonia com essa lei, precisa achar o equilíbrio entre essas quatro forças: ganhar, gastar, poupar e investir. Aí sim você acerta o alvo.

LEI #5 — Dinheiro nasceu para ser servo.

O dinheiro não nasceu para ser patrão, e sim para ser mandado. Você tem que vê-lo como se fosse um cachorrinho. Mas não aquele pinscher nervoso; melhor um golden retriever dócil. O dinheiro tem que lhe obedecer. Se ele estiver dando ordens, você está fazendo algo errado. E como o dinheiro manda em você? Quando alguém o chama para jantar num restaurante e a sua resposta é: "Ah, não posso". Ou quando o convite é para viajar no final de semana: "Ah, não consigo". Até mesmo para rachar uma pizza: "Ah, não dá". Assim como um cachorro, o dinheiro precisa lhe dar alegria – mesmo que também dê trabalho e você precise cuidar dele.

LEI #6 — Dinheiro é existência monetizada.

Você existe para fazer algo e ser monetizado por isso. Algumas pessoas têm peso de feijão e outras, peso de ouro. Todo mundo tem 24 horas num dia e alguns são mais produtivos ao longo desse período, outro menos. Mas todos são remunerados. Monetizar é fazer dinheiro com o serviço que você presta. E, à medida que vai envelhecendo, a tendência é passar a realizar múltiplos serviços, porque, com o passar do tempo, vai aprendendo ou descobrindo novas habilidades. Por exemplo, um professor pode dar aulas durante a semana, à noite traduzir textos em casa e nos fins de semana ser confeiteiro e vender bolos para festas.

LEI #7 — Dinheiro tem magnetismo.

O dinheiro que vem até você traz a energia que você fez para recebê-lo. O dinheiro que sai das suas mãos vai com a energia que você está emanando. Por isso, pague as coisas com a mesma alegria de quando recebe. Certamente, já ouviu a expressão "dinheiro maldito". Isso acontece quando você trabalha em projetos com que não concorda ou que são nefastos e negativos. É dinheiro ganho com ações ilícitas, pesadas, sem ética. Quem é espiritualista como eu sabe que, em casos de corrupção, as pessoas podem até colocar muito dinheiro no bolso, mas aquilo vem com tanta negatividade que algo ruim depois acontece – por exemplo, elas morrem do nada, têm uma família distorcida ou não encontram paz espiritual no pós-morte.

Às vezes, você não consegue controlar a energia do dinheiro que vem para você. Mas olha que bacana: dá para controlar a energia que sai das suas mãos. E isso depende única e exclusivamente de você. Como? Na forma como está pagando as coisas. Pessoas que pagam com dor ou que sentem pena de gastar emanam uma energia horrível. Você pode, então, ser grato e feliz ao passar o seu dinheiro adiante, fazendo com que o magnetismo atue a seu favor.

LEI #8 — Dinheiro nasceu para circular.

Esta lei tem muito a ver com a das quatro forças do dinheiro. O que adianta você só ganhar, se não gastar? É preciso haver circulação. Imagine uma pessoa que finalmente está com dinheiro, falando: "Agora que eu tenho muito, vou deixar parado". Não pode! Ele tem que circular, porque, como diz a outra lei, dinheiro é existência monetizada. Se você não gasta, não está abençoando a sua existência. Por isso, falo mais uma vez: a estabilidade é totalmente antagônica à prosperidade. Prosperar é mover, crescer, expandir, fazer o bem e ficar cada vez melhor. É um caminho progressivo. Se você está ganhando apenas para guardar, está atrapalhando a roda da fortuna.

LEI #9 — Dinheiro não corrompe ninguém.

Você tem que pôr isso na sua cabeça: o que corrompe é o ego. Ou melhor, a sua parte corruptível. Outra coisa: o pobre também pode ser corruptível, está bem? Assim como o rico e o classe média. Qual a diferença, então, se o que tem dinheiro se corrrompe e o que não tem também? É que não é o dinheiro que leva à corrupção, e sim as inferioridades do ego: o egoísmo, a falta de base moral. É por isso que não concordo com aquela expressão: "Dê dinheiro a um homem e veja o seu caráter". Preste atenção! Mesmo sem dinheiro já dá para ver o caráter de uma pessoa. Porém, concordo quando dizem que o dinheiro potencializa o que as pessoas são. Se elas são altruístas, vão colocar para fora realização, crescimento, expansão. Mas se forem egoístas, não vão fazer nada pelos outros, não vão contribuir com nada de bom. Isso porque elas têm dentro de si uma parte corruptível.

LEI #10 — Dinheiro é energia de troca.

Imagine que você chega a uma loja e fala: "Eu quero comprar esse objeto e vou pagar com duas horas trabalhadas". Na verdade, em vez de dar horas trabalhadas, você entrega o seu dinheiro. O que são horas trabalhadas, então? Você trocou o seu tempo e a sua dedicação por moeda, e enriquece quem extrapola a troca. E o que é extrapolar a troca? Não importa qual é o seu trabalho, não importa onde você esteja: faça mais do que é pago para executar. "Ah, mas meu chefe não me valoriza". Pode ser. Mas o Universo valoriza você. Existe um fiscal do Universo de olho nisso, e algo vai acontecer – você pode receber uma proposta de emprego ou ser notado por alguém e ganhar uma promoção. Não fique querendo reconhecimento. Repita sempre: "Eu trabalho para Deus. Eu não trabalho para o meu chefe".

LEI #11 — Dinheiro é semente.

Para explicar esta lei, vou contar uma história. Um homem herdou uma terrinha e chegou lá sem nenhum centavo, sem ter nem o que comer. O fazendeiro vizinho já era muito próspero. Então, o homem foi até o fazendeiro e pediu alguma comida, recebendo duas espigas de milho, que devorou na mesma hora. No dia seguinte, ele fez a mesma coisa e comeu tudo novamente. Assim foi se repetindo, dia após dia.

Paralelamente, chegou uma moça que também havia herdado uma terra e, cheia de fome, foi pedir algo para o fazendeiro. Da mesma maneira, recebeu duas espigas. E o que ela fez? Comeu uma espiga e meia e plantou o milho que restou. Ela teve a mesma atitude por vários dias seguidos. Um tempo depois, foi até o fazendeiro e ele, crente que ela ia pedir mais comida, se surpreendeu: "Eu vim devolver todas as espigas que o senhor me deu e ainda mais algumas, de tão feliz que estou. Veja como a minha plantação cresceu!".

O dinheiro é assim: um pouco você come, um pouco você planta. Se você entender que o dinheiro é semente, não vai comer tudo. Ou seja, não vai gastar tudo o que ganha. Quando você usa corretamente a semente que sobra e a reinveste, daqui a pouco tempo já terá para comer, um excedente para doar, vender e continuar expandindo. Se você não respeitar isso, nunca vai prosperar.

LEI #12 — Dinheiro não é causa.

As pessoas acham: "Ah, quando eu tiver dinheiro, vou ser feliz". Não: você tem que ser feliz primeiro, para depois o dinheiro fluir. "Quando eu ganhar na loteria, vou dar um carro para a minha mãe". Não é assim que funciona. O dinheiro é sintoma, e não a causa. "Ah, mas eu estou tão infeliz porque não tenho dinheiro". Parece a causa, mas não é. Quando alguém está sem dinheiro, é sintoma de que não entende as leis naturais da prosperidade que estou ensinando aqui.

LEI #13 — Dinheiro odeia ganância.

Mas adora ambição. Entenda: ganância é mortal, ambição é vital. Ganância é você querer passar todos para trás, sem se importar com ética, nem com nada. Já ambição é você querer ser tudo que nasceu para ser. Se a mãe não tivesse ambição, o filho não veria a luz. Se a raiz não tivesse ambição, a árvore não se formava. Daí você critica: "Ah, Fulano é tão ambicioso". Graças a Deus! Mas se falar "Ah, Fulano é tão ganancioso", fique longe dele porque ele vai passar por cima de você. Falta de ambição é terrível, mas o bom é que tem cura, sendo preciso desimpregnar muita coisa da mente – justamente o que este livro já está fazendo com você.

LEI #14 — Dinheiro só vai para quem merece.

Você vai me odiar agora: se você está com pouco dinheiro é porque não merece. E o que é esse merecimento? É respeitar todas essas leis magnéticas. A pergunta que você tem que se fazer é: "Por que estou merecendo pouco?". Ou melhor: "Por que estou valendo pouco? Eu ganho R$ 1 mil, meu colega ganha R$ 5 mil. Por que ele recebe cinco vezes mais do que eu?". Ora, vá estudar o que ele fez para faturar mais. Descubra como ele resolve mais problemas ou problemas mais caros, como já expliquei, e procure fazer a diferença também.

LEI #15 — Dinheiro não se ganha.

Não mesmo. Dinheiro se faz, assim como dizem os americanos (make money). E, seguindo a mesma linha de raciocínio da lei anterior, para fazer mais dinheiro você precisa aumentar o seu valor. O que define o seu valor é o quão bom você é, o quão insubstituível é, quantos problemas resolve e quanto gera de conveniência.

LEI #16 — Dinheiro pune a economia burra.

Eu também chamo isso de mindset de calculadora, ou seja, uma configuração mental de calculadora: 1 + 1 dá 2, 2 + 2 dá 4... Mas não pode ser assim, porque senão a pessoa faz economia burra. Outro dia, por exemplo, fui a um restaurante e passou o carrinho de carnes, com a tábua toda empenada, feia. Por que não troca isso? Por economia burra. Depois, fui pagar e vi que tinha um vazamento atrás do caixa. Comentei com o funcionário e ele disse que o dono do restaurante não vai consertar, porque o proprietário do ponto não quer descontar do aluguel o valor da obra. É isso o que eu chamo de economia burra. O mindset de calculadora é a pessoa fazer as contas e dizer que não vai fazer a obra ou trocar a tábua de carnes porque vai sair caro, sendo que, assim, está afastando clientes.

Outra economia burra: "Ah, eu vou morar com a minha sogra por seis anos enquanto a minha casa não fica pronta, porque assim economizo no aluguel". Só que a consequência de morar com a sogra, mesmo que ela seja um amor, é terrível. Mindset da calculadora é quando as pessoas só fazem conta do dinheiro. Por isso é que eu não ensino esse tipo de enriquecimento que você vê na internet, baseado em economizar no cafezinho. A pessoa pode até ficar rica, mas se torna sovina. Isso não é prosperidade, é só riqueza. Cuidado com a economia burra, porque ela vai atrapalhar a sua vibração.

LEI #17 — Dinheiro facilita a felicidade.

Agora, preste atenção a uma coisa real: o dinheiro gera possibilidades. Com ele, você pode viajar, ajudar sua mãe, fazer doações para uma ONG de cães, comprar um iate, roupas, o último MacBook, uma Land Rover, um ar-condicionado ou uma simples água mineral. O dinheiro facilita a felicidade porque, com ele, você realiza possibilidades. E sabe o que elas fazem? Dão poder. Poder de ir e vir. De fazer ou não fazer, de dizer sim ou dizer não. Como assim dizer não? Suponha que amanhã você tem que estar no seu trabalho às 4h da madrugada e trabalhar 20 horas seguidas. "Ah, eu não quero esse trabalho". Abandona e vai buscar outro. Com dinheiro, voce tem essa possibilidade. Sem dinheiro, não tem poder algum.

Lembre-se de que o dinheiro não nasceu para ser dono, e sim para ser servo. No caso de não poder largar esse emprego massacrante, ele está sendo seu dono. E o poder, o que ele faz? Dá liberdade. Siga o meu raciocínio: o dinheiro traz possibilidades; as possibilidades garantem poder; e o poder dá liberdade. Sabe o que a liberdade faz? Ela quebra o sistema. Você passa a levar a vida nos seus próprios termos, parando de viver nos termos dos outros. Aí você pode me perguntar: "Bruno, você vive a sua vida só nos seus termos?". Não. Mas a grande parte, sim. Já reparei que, quanto mais dinheiro eu faço, mais eu vivo nos meus termos.

E então, você continua achando que dinheiro não traz felicidade? Só se você ainda não entendeu que o dinheiro gera liberdade e a liberdade traz felicidade. Logo, dinheiro traz felicidade, com toda a certeza!

DESAFORO QUE A SUA PROSPERIDADE NÃO SUPORTA

Sabe qual é o desaforo que a sua prosperidade não suporta? A procrastinação. A arte ninja de adiar os seus sonhos. É você ir capinar uma roça, lavar louça, escovar o banheiro, arrumar suas gavetas, mas não fazer aquilo que precisa ser feito, aquilo que trará o seu sonho. Isso é procrastinar. Você acaba se enrolando. E, diga-se de passagem, a preguiça é irmã gêmea da procrastinação. Mas com uma grande diferença: o preguiçoso não quer fazer nada, já o procrastinador trabalha, só que faz uma porção de outras coisas que não são produtivas.

Você se identificou? Quer sair dessa? É só introduzir em sua vida as seguintes dicas poderosas e superpráticas para acabar com a procrastinação:

Bloqueie as distrações

Você quer prosperar, não é mesmo? Mas fica entrando em sites de moda, de maquiagem, de culinária... Olha o grupo do whatsApp, vê vídeos no TikTok, fica olhando a vida alheia no Instagram... Pare com isso e decida três ações que são importantes para você e fique o dia com o seu IC (índice de comando) acionado. Quando perceber que vai se distrair com outras coisas, volte para o seu foco e repita três vez: "É isso o que eu quero!". Se você não bloquear as distrações da sua vida, as distrações vão bloquear você.

Procrastine no que você pode

Tem tarefas que você pode deixar para depois, como arrumar suas gavetas, pintar uma parede de casa... Mas procrastinar o seu sonho, aquilo que vai mudar a sua realidade – o 80/20 da sua vida! –, não dá.

Descubra suas decisões essenciais

Você precisa, por exemplo, tomar a decisão de mudar o seu corpo, fazer as pazes com o seu pai, se separar do marido, arrumar um sócio ou dar limites a si próprio. A procrastinação, quase sempre, tem como pano de fundo algo que a pessoa tem que fazer, mas está com medo.

Enriqueça o seu ambiente

Quando você convive com pessoas que o estimulam a continuar do mesmo jeito, está recebendo um estímulo negativo. Vou dar o meu próprio exemplo. Para me estimular a fazer exercícios e a estudar, eu contratei um personal trainer que me atende três vezes por semana e um professor de inglês que me dá aulas particulares duas vezes por semana. Eu pago para ter compromissos.

E aí você pode argumentar: "Ah, Bruno, mas eu não tenho o dinheiro que você tem". Entendo. Então, o que você vai fazer? Na hora em que for dormir, para evitar a procrastinação, já coloca a roupa da sua atividade física na mochila do trabalho. Não se permita ter que voltar em casa para pegar a roupa, porque senão pode cair no buraco negro do sofá da sua sala. Eu faço exercícios pela manhã. Para não procrastinar, acordo e já coloco a roupa. Isso é enriquecer o ambiente. É, também, desligar a televisão na hora do noticiário, que só traz notícias ruins, e ligar uma música legal, que o energiza. Crie sempre um ambiente que enriqueça a sua vida, com aromas, cores, animais de estimação... Tudo aquilo que vai estimular você a não procrastinar.

Conecte-se com os inspiradores

Quem são as pessoas que o inspiram? Em vez de ficar seguindo na internet todo mundo e olhando a vida alheia, vá se conectar com quem o inspira e faz você sentir que dá para chegar lá.

Pare de falar dos outros

Não comente a vida dos outros. Fale sobre as suas metas, os seus sonhos. Quanto mais você falar dos outros, menos prosperidade terá. Quando visito meus amigos ricos e milionários, eles não abrem a boca para falar de ninguém, só se for para conversar sobre alguma oportunidade. Ou, então, eles elogiam: "Viu que legal o Fulano? Conquistou tais e tais coisas". Aprenda essa lição: você é escravo das pessoas com as quais se importa demais.

Melhore seus rituais

Você não precisa necessariamente acordar às 5 da manhã e entrar numa banheira de gelo. Mas você pode e deve achar um ritual que o energize. Eu, por exemplo, gosto de fazer o que chamo de grounding. Todo dia, há vários anos, coloco meus pés na terra para trocar energia. Isso é curativo. Também pratico o que apelidei de "volta olímpica". Na minha casa, tenho uma área com ervas plantadas. Então, fecho os olhos, vou caminhando e passando a mão direita pelas ervas, agradecendo, e depois volto passando a mão esquerda. Além disso, medito e faço o Clube da Positividade, que, para quem não sabe, é uma comunidade que eu e a Patrícia criamos com técnicas e mensagens que nos ajudam a a manter a alegria, a calma e o otimismo. Encontre o ritual que o energize e que combine com você. Só tome cuidado para não ser levado por modismos, porque o seu ritual precisa respeitar a sua própria identidade.

Destralhe

Se você quer ver a procrastinação ir embora, destralhe. Qual foi a última vez que você fez uma faxina naquelas tralhas que ficam no seu quintal, no seu guarda-roupa, no armário da cozinha? Olha, não existe armário de cozinha que não tenha a possibilidade de jogar fora ou doar potes sem tampa, panelas velhas... Com certeza, seu guarda-roupa deve estar cheio de peças antigas ou que não servem mais, prontinhas para seguirem para a doação. Você pode, até mesmo, fazer um bazar de garagem cobrando preços bem baixinhos. Saia andando pela sua casa reparando nos objetos e veja o que ainda traz felicidade para você. O que não fizer mais sentido, destralhe.

Não espere o medo passar

Muitas pessoas ficam procrastinando por um simples motivo: estão com um medo forte e não agem, ficam paradas. Elas acham que o medo tem que passar primeiro para depois fazer o que é preciso. Mas é o contrário: você tem que agir para o medo passar. Olhe para o medo, se prepare, treine, se qualifique e vá. O medo diminui à medida que você age e aumenta à medida que você para.

Bring the joy

Traga a alegria! Como você pode fazer para quebrar o ciclo da procrastinação? É deixar tudo ficar mais leve, divertido e feliz. A alegria é fundamental em nossas vidas, nos estimulando a fazer o que é preciso para alcançarmos nossos sonhos.

A raiz de tudo

Como você já deve saber, todo ser humano tem o consciente e o inconsciente. Só que o nosso inconsciente domina 95% da nossa mente. Ele foi programado para, simplesmente, fazer com que você não acredite na prosperidade. É o que eu chamo de "programação da escassosfera". A maioria das pessoas carrega mais de uma centena de crenças limitantes que não as deixam acreditar que são capazes. Elas são a raiz de tudo. Por isso, precisei trabalhar em mim mesmo – e há tempos trabalho com meus alunos – a limpeza do inconsciente. Quando você passa a acreditar que tem múltiplas possibilidades, para de procrastinar.

O maior perigo da atualidade, cuidado!

Se estivéssemos vivendo outros tempos, com absoluta certeza, o que revelei estaria disponível apenas para um grupo seleto de pessoas. Informações parecidas com a deste livro já foram compreendidas por líderes religiosos, pensadores, filósofos e alquimistas. O que lhe mostrei nesse livro certamente nunca chegou à grande massa.

Primeiro porque antigamente os conhecimentos de extremo valor eram disponíveis apenas a grupos secretos e sociedades elitizadas, religiosas ou não. Segundo porque houve desvios de conduta e uma minoria inescrupulosa sempre desejou lucrar com a ignorância do mundo. Terceiro, e mais representativo na minha opinião, por pura profanação. Profanação significa estar por fora, ser superficial, imediatista e não dar o devido valor a algo de extrema importância.

Acredito que estamos vivendo novos tempos. A humanidade está se abrindo para os mistérios da vida, e, apesar de ainda haver tantos pensamentos arcaicos, não tem mais como deixar um conhecimento tão poderoso quanto os Códigos Espirituais da Riqueza, na mão de uma elite intelectual, religiosa ou política. A própria natureza das redes sociais não permitiria isso. Com essa questão, ótimo, evoluímos!

Sobre o segundo ponto, os desvios de conduta. Eles vão continuar a existir, porém, se tratarmos desse tema abertamente, possibilitando que qualquer pessoa tome suas conclusões sobre os Códigos Espirituais da Riqueza, sem intermediários, tudo ficará mais simples e fácil.

Com essa questão, ótimo, evoluímos, não dependemos apenas de um ou outro intermediário manipulador e interesseiro!

Agora, sobre o terceiro ponto, a profanação: sinceramente, pioramos. Nossa sociedade nunca esteve tão superficial e imediatista, viciada em respostas prontas em vídeos de 15 segundos nas redes sociais. Aqui está a minha única preocupação, que você não leve a sério o nível da informação que compartilhei aqui, que você trate este livro como se fosse um conteúdo comum, de consumo rápido e nada mais, e desperdice a chance de prosperar, mudar a sua vida, a vida da sua família enquanto se alinha aos desígnios de Deus.

Se você chegou até esse parágrafo e não se empolgou com nada, por favor, leia este livro de novo assim que puder, com mais calma e foco.

Deus coloca cada um conforme cada um se coloca

Deus tem uma correnteza para você, que está ativa desde o dia em que você nasceu. Essa correnteza é uma espécie de lista de dons, talentos e afinidades que combinam com o seu projeto de vida. Toda vez que você vive a vida longe da correnteza em que Deus te colocou, você sofre, sente escassez, emoções perturbadas. Sempre que você se alinha com ela, sua vida flui.

Você tem um pacote de características que combinam mais com determinados chamados. Deus sabe quais são, e seu eu superior, sua parte divina, também sabe. A sua correnteza está fluindo, ela faz sua vida boa, impactante, próspera e divertida. Porém, quando você se distrai e vai buscar caminhos que não combinam com você, sua vida se complica.

É nessa hora que um grande teste acontece na vida de qualquer ser humano. Entregar-se ou não? Pedir para Deus fazer da sua vida o que é melhor para Ele ou não? É nessa hora que a maioria inverte o maior código espiritual de riqueza, a frase que mais repeti ao longo do livro, lembra?

> **O maior código espiritual de riqueza é:**
>
> Servir a Deus e se realizar no plano Dele, ao invés de querer a ajuda de Deus para se realizar no seu plano.

Quando força a barra, querendo que Deus te ajude a realizar o seu plano, você reprova no teste. Sabe o que isso significa? Deus percebe que você precisa de "recuperação", tal qual na escola. Na prática, são experiências de amadurecimento, uma expressão bonita que significa que você vai ter que sofrer muito, para que suas sombras venham à tona, você se aprimore no seu tempo e, depois, esteja apto a fazer o teste de novo.

O conceito de livre-arbítrio precisa ser repensado, porque, se sua vontade for diferente daquela do Criador maior, o processo de educação moral e emocional vai surgir na sua vida através de acontecimentos que, no futuro, te façam entender que você só será feliz se entender que sua missão é servir a Deus e se realizar no plano Dele.

Se você leu este livro até aqui com imensa vontade de retomar as rédeas da sua vida, e se deseja ver um grande milagre lhe acontecer; se quer, verdadeiramente, ver Deus te levantar; você pode fazer a oração mais linda e ao mesmo tempo mais perigosa que já existiu: a oração de reversão do seu livre-arbítrio. Se você já se cansou de viver uma vida com desejos diferentes dos desejos de Deus e se quer finalmente seguir o seu chamado, faça essa oração.

Mas, se você não quer mudar, não faça. Se não quer se transformar, desapegar, conhecer o novo, se reciclar, passe longe.

Agora, se você quer ver sua vida ascendida pela força de Deus, comece hoje! Pegue um caderno ou uma folha em branco e, antes de dormir, faça uma prece de conexão com Deus, de gratidão e sintonia elevada, algo bem simples mesmo. Então, escreva no papel o seguinte pedido:

Deus, meu grande amigo,

Peço, amorosamente e equilibradamente, a revelação do meu propósito e do meu caminho de riqueza e prosperidade.

Tome posse do meu livre-arbítrio com harmonia e leveza, me ajude a fazer o meu ajuste de rota.

Essa é uma decisão que faço para retomar o caminho do meu chamado.

Está feito!

(Assine com seu nome completo)

Tudo o que você precisa é ler essa oração todos os dias antes de dormir, com calma e serenidade. Escreva apenas uma única vez e depois só leia antes de dormir.

Sua vida irá mudar, você terá uma chance de sair do programa de amadurecimento – a famosa "recuperação" – por força do seu livre-arbítrio. Deus vai anular seu programa de amadurecimento atual e vai lhe devolver sua correnteza natural.

Não sei explicar em palavras tudo que essa oração já fez por mim. Não é algo da Terra; é sobrenatural – prepare-se! Medite bem antes de fazê-la, pois a forma como Deus opera não é compreendida facilmente, só te resta confiar no que virá e mais nada.

SE VOCÊ NÃO BLOQUEAR
AS DISTRAÇÕES DA VIDA,
AS DISTRAÇÕES DA VIDA
VÃO BLOQUEAR VOCÊ.

@BRUNOJGIMENES

CAPÍTULO 10
AGORA, SIGA O MESTRE P

Você sabe qual é o melhor mestre de todos? O mais poderoso? Seu nome não começa com J, como talvez esteja pensando. O maior mestre de todos começa com a letra P. Como assim? P de prática. Neste livro, ensinei um método sensacional que usa a Fonte Divina, o bem maior, a espiritualidade e os princípios da Matriz Divina com o seguinte objetivo: ajudar você a prosperar e enriquecer nos seus próprios termos, com leveza e rapidez.

Eu mostrei a você como desenvolver o seu dom milionário, e talvez você ainda queira me questionar: "Bruno, eu achei que o meu dom milionário era ser arquiteto". Não... É ouvir o que você tem que fazer, é expandir em ordem progressiva na direção da prosperidade, é ser um canal sempre e se divertir com isso.

Todas as pessoas têm um dom milionário, elas só precisam ativá-lo. Porém, tudo que apresentei aqui não vai servir de nada se você não aplicar todos os dias os três pilares e entender as três fases. Por isso, não deixe de revisitar esse conteúdo, para deixar vivo na sua memória tudo que precisa fazer para se tornar um Milionário Espiritual.

Eu me esforcei para trazer conveniência a você: um livro enxuto, que vai direto ao ponto, justamente para fazer valer a essência de operar a parte certa. Mas agora que chegamos ao fim, vem a parte em que eu não posso entrar, mas que é a melhor do método: colocar em prática. É você vibrar na expectativa positiva, na expressão de gratidão, na ação inspirada e no tempo de Deus – e não no tempo do ego. Quando você ajustar tudo isso e agir segundo os princípios do Milionário Espiritual, os caminhos da prosperidade vão se abrir para você.

Estou muito feliz, porque aqui está o resultado da minha busca, da minha batalha, da minha dedicação para unir ciência e espiritualidade com os pés calçados no discernimento. Isso significa unir Deus e dinheiro, porque não consigo acreditar no dinheiro sem a Divindade maior. Chega daquela história de que quem fala de dinheiro está de um lado e quem fala de espiritualidade, de outro.

Na minha trajetória de prosperidade, vi pessoas muito próximas me julgando, rogando praga, falando mal de mim – "O Bruno agora só quer saber de dinheiro". Vi pessoas duvidando do meu caráter, da minha moral e da minha postura. Chorei muito, de raiva e angústia, porque não tem nada que um leonino goste menos do que a falta de lealdade. Mas graças ao time Luz da Serra, aos meus sócios Patrícia e Paulo Henrique, a minha abençoada esposa, Aline, e graças à confiança que tenho nesse método, segui em frente. Foi então que entendi por que as pessoas faziam isso: porque as referências que elas têm são velhas, baseadas no que o outro fez.

No entanto, para você, será diferente daqui em diante, porque você irá buscar a sua referência nos três pilares do método Milionário Espiritual. Você vai fazer a sua parte. Depois, prepare-se, porque as pessoas à sua volta vão ter dificuldade de entender as suas mudanças – mas isso não quer dizer que elas não são falsas ou hipócritas. Por muito tempo, fiquei magoado com quem me criticava, mas entendi que eram pessoas que só precisavam de um caminho. Elas não querem, necessariamente, que você vá mal ou bem. O que esperam é seguir a vida como acham que tem que ser. Mas aí você começa a prosperar, agindo de forma que as confunde, cutucando suas mediocridades, e isso elas não suportam. Preferem criticar a fazer uma autoanálise: "Poxa, o Fulano começou a despertar e está mostrando para mim que eu também posso. Estou muito parado. Acho melhor me mexer".

Então, essas pessoas não são hipócritas. Apenas ainda não encontraram uma direção. Tenha paciência com o tempo dos outros. Algumas vezes, a prosperidade só é forjada em momentos de dor. Mas, quando você tem um método como este nas mãos, tem chance de fazer isso de maneira melhor, mais rápida e com mais certeza de que esse é o caminho. O fato é que o método funciona e vai fazer de você um milionário, uma milionária, nos seus próprios termos. Se aplicar, claro.

Espero que o Milionário Espiritual seja uma constante na sua existência. Assim como escovar os dentes, assim como os seus batimentos cardíacos, que ele nunca escape do seu dia a dia, pois é uma filosofia de riqueza para uma vida toda. Que ele sempre esteja em você! Eu quero que você sinta o amor, a dedicação desse trabalho de uma vida toda, para que também seja um agente da expansão da prosperidade no mundo.

Então, bata agora no seu peito e diga:

"Eu sou um canal de Deus para expandir e melhorar o mundo."

Bata no seu peito novamente e fale:

"Eu sou hortelã. Eu sou tudo o que nasci para ser."

"Eu dou graças à vida e à bênção da minha existência."

MILIONÁRIO ESPIRITUAL

Eu quero que você acredite no seu poder. Como mensageiro da prosperidade, fiz este livro para servir a você. Dividi todos os meus segredos aqui e espero que não tenha sido à toa. Deixe o Mestre P atuar na sua vida. Pratique! Para finalizar, convido você a mais uma vez repetir o meu mantra – agora, o nosso mantra!

[
"AONDE QUER QUE EU VÁ, ONDE QUER QUE EU ESTEJA, O QUE QUER QUE EU FAÇA, COM QUEM QUER QUE EU ESTEJA, EU SEMPRE DOU LUCRO."
]

Brilha prosperidade!

Muita Luz!

Bruno Gimenes

GOSTOU DA LEITURA E QUER FICAR POR DENTRO DE TODAS AS NOVIDADES DA LUZ DA SERRA EDITORA?

APONTE A CÂMERA DO SEU CELULAR PARA O QR CODE A SEGUIR!

Transformação pessoal, crescimento contínuo, aprendizado com equilíbrio e consciência elevada. Essas palavras fazem sentido para você? Se você busca a sua evolução espiritual, acesse os nossos sites e redes sociais:

Luz da Serra Editora no **Instagram**:

Conheça também nosso **Selo MAP – Mentes de Alta Performance:**

No **Instagram**:

Luz da Serra Editora no **Facebook**:

No **Facebook**:

Conheça todos os nossos livros acessando nossa **loja virtual**:

Conheça os sites das outras empresas do Grupo Luz da Serra:

luzdaserra.com.br

iniciados.com.br

luzdaserra

Luz da Serra®
EDITORA

Rua das Calêndulas, 62 – Juriti
Nova Petrópolis / RS – CEP 95150-000
Fone: (54) 99263-0619
E-mail: loja@luzdaserra.com.br

Impressão e Acabamento | Gráfica Viena
Todo papel desta obra possui certificação FSC® do fabricante.
Produzido conforme melhores práticas de gestão ambiental (ISO 14001)
www.graficaviena.com.br